[法]阿兰 著
陈太乙 译
杨凯麟 审订

论教育

广西师范大学出版社
·桂林·

论教育

LUN JIAOYU

Propos sur l'éducation

繁体中文译文编译来源为城邦文化事业股份有限公司－麦田出版事业部
非经书面同意不得任意翻印、转载或以任何形式重制
著作权合同登记号桂图登字：20-2024-044 号

图书在版编目（CIP）数据

 论教育 /（法）阿兰著；陈太乙译. -- 桂林：广西师范大学出版社，2024.8
 ISBN 978-7-5598-7010-0

 Ⅰ. ①论… Ⅱ. ①阿… ②陈… Ⅲ. ①教育思想－法国－近代 Ⅳ. ①G40-095.65

 中国国家版本馆 CIP 数据核字（2024）第 105114 号

广西师范大学出版社出版发行

（广西桂林市五里店路 9 号　邮政编码：541004）
网址：http://www.bbtpress.com

出版人：黄轩庄
全国新华书店经销
广西广大印务有限责任公司印刷
（桂林市临桂区秧塘工业园西城大道北侧广西师范大学出版社集团有限公司创意产业园内　邮政编码：541199）
开本：787 mm × 1 092 mm　1/32
印张：9.5　　　字数：160 千
2024 年 8 月第 1 版　　2024 年 8 月第 1 次印刷
定价：55.00 元

如发现印装质量问题，影响阅读，请与出版社发行部门联系调换。

目 录

01. 孩子的雄心　　　　　... 1
02. 孩子的热情　　　　　... 4
03. 挨打的孩子　　　　　... 8
04. 讨孩子开心　　　　　... 12
05. 学习的严肃性　　　　... 15
06. 学习的开始　　　　　... 21
07. 学校的人性　　　　　... 25
08. 游戏式的思考　　　　... 28
09. 老师的冷淡　　　　　... 31
10. 教导自己的孩子　　　... 34

11. 自然的本性	... 37
12. 孩子的野蛮状态	... 40
13. 孩童族与父母族	... 44
14. 孩子的议会	... 47
15. 与孩子匹配的力量	... 50
16. 教导以便了解孩子	... 53
17. 退后即是向前	... 56
18. 怀疑是一种过程	... 60
19. 这个必须学	... 63
20. 教导的艺术	... 66
21. 画　画	... 70
22. 释放天性	... 74
23. 保持做自己	... 77
24. 性格的考验	... 81
25. 阅　读	... 85
26. 两种学习	... 89
27. 自己思考	... 92
28. 记　忆	... 96
29. 学校与工坊	... 99

30. 从已知到未知 ... 103

31. 共　生 ... 107

32. 难题与错误 ... 110

33. 知识的源头 ... 114

34. 抄　写 ... 118

35. 教育督学 ... 122

36. 反复练习 ... 125

37. 一面背诵一面求变 ... 128

38. 朗　读 ... 131

39. 完整的头脑 ... 135

40. 阅读，再阅读 ... 138

41. 当书的助手 ... 141

42. 高声朗读 ... 144

43. 大众教育的文盲 ... 148

44. 凝听、背诵与高声朗读 ... 151

45. 重读原著 ... 154

46. 历　书 ... 157

47. 无声的听写 ... 161

48. 内心语言 ... 165

49. 历史课 ... 168

50. 认真书写 ... 171

51. 燕　雀 ... 175

52. 书写的艺术 ... 179

53. 写字体操 ... 182

54. 意志力的好处 ... 186

55. 从自身过错学到真相 ... 190

56. 认识自我 ... 193

57. 教学的范围 ... 197

58. 科学的精神 ... 200

59. 教学之道 ... 203

60. 数　学 ... 207

61. 会思考的猴子 ... 210

62. 怀　疑 ... 214

63. 几何学与代数 ... 218

64. 语言的翻译 ... 221

65. 直接读原典 ... 224

66. 古典研究 ... 227

67. 首先从希腊文开始 ... 231

68. 人性与共同记忆 ... 235

69. 拉丁文 ... 239

70. 先从静态开始 ... 242

71. 警告用的小铃铛 ... 246

72. 奥古斯特·孔德 ... 250

73. 孩子的认真本性 ... 253

74. 大器的社会学 ... 256

75. 社会学与人性 ... 260

76. 正确的精神 ... 265

77. 小学生的整体精神 ... 268

78. 摇撼大树 ... 272

79. 请练习尽可能地支持对手的论述 ... 275

80. 自私与利他 ... 280

81. 服从与反抗 ... 284

82. 自由的心智体操 ... 288

83. 小而充足的改变 ... 291

01

> 要集中孩童的注意力很容易：替他搭一座桥，架在他玩的游戏与各位的学识之间，让他不知不觉地进入学习状态；然后，由于这种童年养成的习惯，终其一生，学业将会是一种休憩与欢乐，而非大多数人记忆中的那种酷刑。

孩子的雄心

有些人喜欢玩"填字"游戏。这游戏众所周知，玩法是用零散的字母组出字词。这些组合高度刺激专注力，三到四个字母的小题目极度便利，鼓励心智投入一项颇为耗神的习作。这是一个学习技术用语与正确拼字的好机会。因此，我常心想，要集中孩童的注意力很容易：替他搭一座桥，架在他玩的游戏与各位的学识之间，让他不知不觉地进入学习状态；然后，由于这种童年养成的习惯，终其一生，学业将会是一种休憩与欢乐，而非大多数人记忆中的那种酷刑。所以，我与蒙田（Montaigne）[1]曾是同路人，一起依循这迷人的点子。但黑格尔的"幽灵"更有说服力。

这个"幽灵"说，孩子其实不如你所以为的那么喜欢孩童似的欢乐。在他当下的生活中，是的，他的确还是个孩子，喜欢当个孩子；但对你来说如此，对他来说并不是。基于反射动作，他很快就抗拒自己的孩童状态，他想当个大人，而在这一点上，他比你认真严肃得多。比起幼稚的你，他反而比你更不像小孩，因为，对于使出童年全副力气成长的孩子来说，大人的状态很美好。睡眠是一种动物性的享受，总有点阴沉灰暗，但人们一下子就迷失其中，钻溜进去，深陷进去，丝毫不想回归自我。这是最好的乐趣，是动物与植物最大的享受，想必没错；这也是无法克服任何事情，不肯提升自我的人最大的乐趣。但摇哄催眠并非教导。

相反的，这巨大的"幽灵"说，我希望游戏与学习之间有一道鸿沟阻隔。什么？通过填字游戏来学阅读与书写？用榛果来算术，用猴戏般的活动来学习？我要担心的恐怕是这些伟大的奥秘不够困难，也不够庄重。呆瓜玩什么都开心，他

---

[1] 米歇尔·德·蒙田（Michel de Montaigne，1533—1592），法国十六世纪思想家、作家。

大口吞食你的美妙点子，咀嚼，发笑。这个假扮成大人的野人令我担忧。画一点图画，当作玩耍；弹奏几个音符，说停就停，毫无节拍可言，没有事情正经严肃的一面。一场关于镭的演说，或一封无线电报，或 X 光，一副骷髅的黑影，一则轶事。一点舞蹈，一点政治，一点宗教。深不可测的事物用六个字就说完。"我知道，我懂了。"呆瓜说。无聊反而更适合他，说不定，他能打发这无聊时光。但在这场填字游戏中，他坐着不动，而且非常忙碌，以他的方式一本正经，并且很满意自己的表现。

我更喜欢的是，"幽灵"说，当孩子发现已到学习时间，人家却还继续要逗他笑时，流露出那种男子汉的难为情。我要他觉得自己很无知，还差得很远，很落后，还是个小男孩；要他以成人心态来帮助自己，要他自己学会尊重，因为懂得尊重的是大人，而不是小孩。愿他通过大量的谦卑，养成巨大的雄心，宽大的胸襟；愿他自己建立规矩并自发地遵守，永远努力不懈，永远向上前进，艰难地学习简单的事。做到这些之后，抒发动物本性，跳跃喊叫。"进步，""幽灵"说，"来自对立与否定。"

02

> 孩子不仅应具有战胜无趣及抽象的能力，还应该晓得自己具有这样的能力，而这正是该强调的部分。

孩子的热情

我曾对某项教育调查做出回应，这始终只是为了对寓教于乐的系统狠狠补上一脚。抱歉让一些非常善良且理性出众的人增添困扰。只不过，事情是这样的：教育家们都是乖孩子，不晓得热情的力量多么强大。人是一种动物，而高人一等的人可能比其他人更像动物。我从中发现一种纪律化的力量，但总归是力量。这使我领悟，原来是动物在思考，这个前提无人能避免。然而，伟大的楷模亦让我们得以赞叹人和动物之间的辽阔的差距。我知道人们如何训练狗，而愈完美的训练愈能造就出史上最像狗的"狗"。我把它们管教得愈好，狗就愈像"狗"。

所以，若要为他们好，重点完全不在于驯服这些小大人。正好相反，应该把学习这件事交给他们亲力亲为，这么做等于在巩固他们的意志力。因为，人类的美德别无其他，正在于此。而我丝毫无意如同卫队训练马匹那样，要求人去习惯突如其来的噪音。总之，教育中的所有积习，在我看来，都不合乎人性。换句话说，令人感兴趣的经验，在我看来，都是对聪明才智的扼杀，例子不下千百。野蛮人感兴趣的是渔猎相关之事、时间的变换、季节的更迭、四季的讯息，而我们却视之为迷信和轻信，认为他们受积习控制。他们十分擅长拉弓射箭和追踪，但也相信，魔法，也就是咒语，即可致命。他们曾见识其成效，所以担忧成因。我从中看出动物因害怕皮鞭而产生的行动：人类才拿起鞭子，它已开始呜咽哀号。它相信自己，相信积习所造成的动物行为，因此非常相信光是看见皮鞭就会痛。野蛮人被以同样的方式管控，也同样如此天真，以为只要巫师射出一道眼神，就能摧毁一整天的打猎运；而因为他深信不疑，所以印证事实，因为，确信打不到野兽的人必然打不到。这类陷阱，形式千百种，恰能解释那不可思议的野蛮与狂躁。这种状态，我们刚脱离未久，而孩子，可以确定，尚未完全脱离；因为他出生时一身赤裸，皮囊中带着所有热烈的激情。

拯救人类脱离近乎野蛮的状态，这项巨大的危险，亦是当务之急，始终如此急迫，指挥着我们朝人性目标勇往直前。孩子必须认清他有掌管自己的能力，首先要做的就是绝不相信自己。他应该也要感受到，这份自我锻炼的工作既困难又美好。我不仅要说容易做到的事皆低劣，更要说：人们相信凡是可以容易做到的事都不好。比方说，容易做到的专注一点也不是专注，或者这么说好了：伺机偷吃糖的狗也算是全神贯注。所以我不要有甜头的痕迹，也认为在苦杯边缘抹蜂蜜的老把戏荒谬可笑。我宁愿在一杯蜂蜜边缘涂上苦药。然而根本不需要这么做。货真价实的难题，起初的滋味总是苦的，唯有能克服苦味的人才尝得到后来的甘美。因此，我不会保证其中必有乐趣，而是把目标定在克服困难，这才是适合人类的诱因，只有如此，他才能达到思考的境界，而非浅尝即止。

这其中所有的技巧，在于根据努力程度逐渐增加挑战难度，因为最重要的事是让孩子对自己的能力怀抱高度理想，并通过赢得胜利来维系；但同样重要的是这些胜利必须得来不易，并且不靠任何怪力援助取得。本身就有趣的事物有个缺点，那就是人们无须费力就自动感兴趣，也就是说，不必靠意志力去学就能对它感兴趣。这就是为什么我连漂亮的言辞也不屑，因为它是一种让专注变得容易的方式。孩子不仅应具有战胜无趣及抽象的能力，还应该晓得自己具有这样的能力，而这正是该强调的部分。而这其实就是将教导体操时不可忘记的原则，应用于心智的养成上。因此，请试试这种严格的方法，你将立即能看见一份旺盛的雄心，那是狗所没有的，追求聪明才智的雄心。

> 如果你帮忙替他数数儿，他会让你帮，还会很高兴，因为他是个孩子；但如果你不帮他，相反的，冷漠地等他自己帮自己，如果你毫不留情地指出他的错，那么，他会把你当成真正的朋友。

挨打的孩子

在布尔乔亚家庭出生养大的孩子会模仿交谈与礼节，让座、领路、致意，觉得这些一点也不难。这是因为要学的事情不算什么，学习的人本身却几乎是一切。耍杂技的孩子，在马戏团的地毯上试着用头顶起身体倒立，或完成惊险的跳跃，在这些事情中，意见毫无意义，因为重力自然会严峻地矫正笨拙的姿势；无论父母是否介入，看起来总像是孩子深受每个错误打击。这两种方法教出两种不同的人，两种尊重，两种荣誉感。一个演奏名家的孩子假装正在演出，接受掌声，行礼致意，与王子们交谈；在演奏家的专业中，这属于容易的部分，但他无法在小提琴或钢琴前装模作样，因此必须经常强迫他苦练。而许多艺术家在起步时即在尺板挥打之下才能做到音准和拍准。以人类价值为基准来审视结果，即能明白，纯粹温柔的教育欠缺某种东西。蒙田每天早晨被乐器的声响唤醒，那并非养成一位音乐家的好方式。只有根据严苛的方法由自身获得之物才能造就人的价值，而那些拒绝严格教法的永远一文不值。

这并不表示我赞成棍棒教育。皮耶·宏普[1]（Pierre Hamp）曾写下他职业生涯的心路历程，在这本杰作中，他告诉我们，一个小糕点学徒只要笨拙出错，无论是否可原谅，脑袋立即挨上一铲子，很痛的一记。在这一行，很难说成功或失败究竟取决于动作的速度还是准确度。许多人会说，有些人就像那些高贵的纯种马，为了超越旁边的马匹，不惜用尽全力；但若想在同样的时间内多赢半米，终究必须努力伸长脖子。拳击手若认真出拳，也许就能更敏捷地招架；而若差那么一

---

[1] 皮耶·宏普（Pierre Hamp，1876—1962），本名 Henri Bourrillon，法国作家。自学者，精通三种语言。担任过糕点学徒、厨师、铁路员工、主管、监工、纺织厂厂长、学习中心主任、记者等职务，后来进大学受教。著作丰富，多关注劳工议题，并曾担任《人道报》(*L'Humanité*) 专栏主笔。

秒，不是鼻梁出血就是眼睛肿成大包。但也完全不该就此下结论说他可任意支配意志力，而且这样最好；因为，想要被猛打的是拳击新手本身——他希望自己的失误是被力量惩罚，而非被舆论制裁。当然，用力气大来压制的教导方式曾经过度失当。洛克在其儿童教育论述[1]中建议用力狠狠痛打说谎的孩子。这之中还缺少了什么？缺少的是说谎的孩子自愿要求被痛打。重点即在于此。必须由孩子自己去找麻烦，并拒绝接受帮助或照顾。不只因为这样的孩子才能找到自我，而且这才是正常的。

孩子所秉持的，根本不是对游戏的爱好，因为他分分秒秒都在挣脱对游戏的爱好，那是脱下婴儿服改穿童装的长大过程。每天忘掉前一天那个稚气的自己，整段童年都这么度过。面对游戏的吸引力，雄心志气不断被挫败，而持续玩个不停的游戏绝对会带来后悔与无聊。孩子发出求助信号。他想立刻从游戏中脱身，自己做不到，但是自愿地想做到，宛如萌芽一般，这即是意志力的开端。正因如此，值得保留棍棒教育之处就保留，我们不该怕被他讨厌，反而应该担心常

---

[1] 洛克在《教育漫话》中提到当孩子因说谎受到严厉斥责后，仍不能改正时，只得使用棍棒以杜绝说谎的恶习。但事实上，洛克并不鼓励体罚。

讨好他。他喜欢看起来讨人喜欢的事物，同时却也轻视它。如果你帮忙替他数数儿，他会让你帮，还会很高兴，因为他是个孩子；但如果你不帮他，相反的，冷漠地等他自己帮自己，如果你毫不留情地指出他的错，那么，他会把你当成真正的朋友——一个毫不阿谀奉承、不作弊取巧的人。至于严厉的态度，数字本身就会承担，它们可不讲情面。有价值的导师将以这样的方式得到表扬且当之无愧。

04

> 一个被宠坏的孩子就是一个被甜言蜜语和现成乐趣撑饱的孩子。

讨孩子开心

当有人随众附和说：应该让孩子开心，那才是教导他们的正确方式，那就让他去说吧！但我不太喜欢这张甜言蜜语的嘴，也不喜欢这位矫情的导师。在我还是小学生的时候，曾遇过一位老师，他真的非常和蔼可亲，很能引发小听众们的兴趣，甚至可以说我们都很喜欢他。然而，他从来没办法克服某些秩序混乱，其原由我还记得很清楚，就是来自不慎重的赞许行为，而那很快就蔓延成喧闹纷乱；年轻气盛再加上群众效应，场面如不同自然元素接触时产生反应般地躁动起来。从这件事，我悟出了某种职业法则，那就是引发兴趣是必须的——我同意，但不该刻意去讨喜，尤其不该显露出我们想这么做。这条法则即使深藏不露，亦适用于演说家，以及所有能列举出的艺术。演员的天职不就是让人开心？是的，但讨人欢心也各式各样，困难之处在于，让人们最后喜欢上初步接触时一点也不讨喜的那个人。

无论就哪种程度而言，领导者的天职，皆包藏好几种狡猾心计。这些演员自创背对观众的演出方式，或许通过一些小理由，他们早已察觉，有时候表现出一定的冷漠，反而有助适度提升注意力，并能帮观众发掘一种他们怎么样也想象不到的乐趣。如果我聆听得够仔细，音乐家的艺术起初并非为了讨人欢心，反倒像在强迫。乐音一开始就听起来过度奉承，反而造成侵扰。还有一种迎合拍马的建筑，一种滥用玫瑰的花环。我觉得大人是一种骄傲且难相处的动物。而在这方面，孩子比大人还大人。一个被宠坏的孩子就是一个被甜言蜜语和现成乐趣撑饱的孩子。所以，他还想要什么？人想要什么？想要困难的，而非愉快的，而倘若他不能保持这种做人的态度，他会想要大家帮他做到。他能预先感觉到不同于口沫横飞的乐趣；他第一个想要的是提升高度，直到能看见另一道乐趣风景。总之，他要人家把他"拉拔长大"，这说法形容得可真好。

这种说法非常好，孩子通过成长这项自然运动，充分地掌握其完整意义。关于孩子，仔细想想，你所关心的他早已是昨天的他，所以他把自己变得幼小些，好让你去取悦他，但请小心招来他的轻视。在这件事上，可畏的是，轻视来自现在的自己，他轻视那已被超越的自己。孩子就是这样进步的。倘若不需要你他就能成功做到，你就只是个提供消遣的人，而再也没有比提供消遣的人被看得更低的了。"对昨日这个小孩来说，"孩子心想，"我现在的把戏已经够好了。"

这就是为什么我不太相信那些看起来像一连串游戏的好玩课程。那是天真人士的幻梦，他们没学过这门专业。当然，能窥探事物原由最好，但专业的教导比较朴素而直接。钟声或哨音可提醒游戏结束，回归较严肃的秩序。实际运用的结果告诉我们，不痛不痒的过渡方式毫无必要，需要的反而是全面性的改变，而且从外表上就能明显地看出来。专注力因此能提升一大阶，不再像小狗一样寻求舔舐的乐趣；不再贪得无厌，化为克己、自俭、耐心，以及对超越自我的期待。小狗那种专注不叫注意力。

05

> 尤其孩子们还如此清新，拥有那么多活力贪婪的好奇心，我不要人家就这样给他们剥好的核桃。

学习的严肃性

对那些儿童乐园和其他以寓教于乐为手段的发明，我没有多大的信心。首先，对大人而言，这种教学法就已经不怎么优秀。我大可举几个人当例子：他们算是受了很多教育，读《帕尔马修道院》(*La Chartreuse de Parme*)[1] 或《幽谷百合》(*Le Lys dans la Vallée*)[2] 却觉得索然无趣，他们只读二流作品，书里的一切都安排得让人第一眼就喜欢，但是沉迷于肤浅乐

---

[1] 法国著名批判现实主义作家司汤达（Stendhal，1783—1842）的一部重要小说。

[2] 奥诺雷·德·巴尔扎克（Honoré de Balzac，1799—1850）的巨作《人间喜剧》其中一部。

趣的同时，他们失去了本可征服的高等享受，只差一点勇气和专注力。

要好好"拉拔"一个人，没有任何经验比得上发掘更高等乐趣这个方法；如果当初在起步之时未曾尝过一点苦头，他就永远也享受不到。蒙田的学说很艰深，必须先了解他，朝他的思想接近，从中找到自己的定位，然后才能理解他。同样的道理，用组装纸板来学几何，可以让人开心，但较严肃的难题所带来的乐趣更刺激。因此，解读一首钢琴曲的乐趣在最初的几堂课一点也感觉不到，必须耐得住初学时的无聊。这就是为什么我们不能用尝水果蜜饯的心态让孩子品味科学与艺术。吃苦才能成人，真正的乐趣，应该去争取赢得，应该要匹配得上。要怎么收获先怎么栽。这是不变的法则。

逗人开心这门专业很吃香，酬劳也很丰厚，但事实上暗暗受到轻视。那些平淡无趣的周刊，配上图画装饰，所有艺术和科学集中在一起，放在就连散漫无比的目光亦随时可及之处。要怎么评论这样的报章媒体？旅行、镭、飞机、政治、经济、医药、生物，应有尽有，而作者们已拔除所有"尖刺"，如此贫瘠的乐趣有害无益，使人讨厌富有精神深度的事物，而这些事物乍看枯燥，其实美妙有趣，例如我刚才提到的那两部根本没人肯读的小说。到处尽是被无知忽略的乐趣，而且是每个人拿出一点勇气就能获得的乐趣！我听人说过，有个孩子被过度宠爱，得到一组木偶剧场玩具当新年礼物，他像个老常客似的安坐在舞台前方，而他的母亲则拼命努力让各种人物做出动作行走，一边还要编故事。在这样的情境下，思绪像肥鹅一般脑满肠肥。我比较喜欢精瘦的思想，它才有能力去追逐猎物。

尤其孩子们还如此清新，拥有那么多活力和贪婪的好奇心，我不要人家就这样给他们剥好的核桃。相反的，教导的全部艺术在于做到让孩子愿意吃苦，将自己提升到大人的状态。在此不必担心他没有野心，野心正是孩童精神的动力发条。童年期是一个吊诡的状态，给人一种无法久留的感觉。成长必急切地加速这个超越的运动，而以后又会变得太过迟缓。成人应告诉自己，就某方面来说，他其实不如小孩理智认真。孩子身上想必有轻浮的一面，需要动来动去，发出噪音，那是游戏的部分；但在从游戏转到学习时，孩子也需要感到自己在长大。这美妙的转换，我非但不要把它变得不痛不痒，反而要它深刻难忘且正式庄重。孩子将感激你曾经强迫他，将鄙视你曾经讨好他。学徒是最好的体制，能让人感受到工作的严肃性。只是，正因基于对工作的需求，他获得的培养多着重在性格，而非思想。如果学习思考跟学焊接一样，人民早已当上国王。

然而，一旦我们开始接近真实的思想，便会臣服于这种先接受再谈理解的条件，甚至怀着某种虔诚。阅读，本身就是货真价实的崇拜（Culte），文化（Culture）一词的字根已提醒我们。舆论、范例、荣耀之喧嚷恰如其分地支配着我们。但美更在它们之上。因此我根本不认为孩童必须充分了解自己在读念背诵着的一切。所以，是的，与其选弗洛里昂（Florian）[1]，不如读拉封丹（La Fontaine）[2]，读高乃依

---

[1] 让-比埃尔·克拉里斯·德·弗洛里昂（Jean-Pierre Claris de Florian，1755—1794），伏尔泰的侄孙。创作长篇小说、中篇小说、喜剧和牧歌式田园诗，三十七岁进入法兰西学士院。主要作品为1792年出版的五卷《寓言诗》，在法国文学史上是继拉封丹后最重要的寓言诗人。
[2] 让·德·拉封丹（Jean de La Fontaine，1621—1695），法国诗人，以《拉封丹寓言》闻名于世，风格灵活鲜明，重现古代希腊、罗马、印度等地的寓言。

(Corneille)[1]、拉辛(Racine)[2]、维尼(Vigny)[3]和雨果(Hugo)[4]。

对孩子来说，这些太深了？还用说吗？！这正是我的期望。孩子首先会被和谐迷住。倾听内心的美丽的事物，仿佛一曲音乐，这是他们的第一场冥想沉思。播下真正的种子，而非沙粒。让他们看达·芬奇、米开朗基罗和拉斐尔的图画，让他们在摇篮中听着贝多芬入睡。

如何学习一种语言？通过伟大的作者，别无其他。通过最紧凑、丰富、深奥的句子，而非会话课本里的蠢言蠢语。首先学习熟记，然后开启这一切宝藏，这一切藏着三层秘密的宝石。我看不出孩子在成长过程中怎可能不怀抱赞叹与崇敬之心；正因他会赞叹崇敬，所以他是个孩子。而男子气概的作用就是超越那种感觉，而理智则无尽地发展所有人类资

---

[1] 皮埃尔·高乃依（Pierre Corneille，1606—1684），法国古典主义悲剧的奠基者，与莫里哀、拉辛并称法国古典戏剧三杰。以西班牙民族英雄为蓝本创作的《熙德》被认为是高乃依最成功的剧作。

[2] 让·拉辛（Jean Racine，1639—1699），法国剧作家。主要作品有《安德洛玛刻》《费德尔》等。

[3] 阿尔弗雷·德·维尼（Alfred de Vigny，1797—1863），法国浪漫派诗人、小说家、剧作家。普鲁斯特将他与波德莱尔并列，誉其为十九世纪最伟大的诗人。

[4] 维克多·马里·雨果（Victor Marie Hugo，1802—1885），法国浪漫主义文学代表人物，主要作品有《巴黎圣母院》《九三年》《悲惨世界》等书。

源，起初只是预感到的资源。孩子对成年期抱着很大的想象，然而这份期待本身也必须被超越。在孩童这个年纪，什么样的美好都不过分。

06

> 对世界上任何一个小学生而言,进步并非来自他所听见的,亦非来自他所看见的,仅能来自他动手去做的。

学习的开始

在我们所有的尝试过程中,会出现两项误判:首先认为事情非常简单,然后经过初次的尝试,我们又判定它完全行不通。"扯铃"这种游戏已被遗忘,但玩过"扯铃"的人都知道何谓荒谬可笑且毫无希望的尝试。对于小提琴、钢琴、拉丁文、英文,又该怎么说呢?

观看已遥遥领先的人们演出,一开始加强了我们的勇气,但这勇气几乎立即又被一种压得人喘不过气的比较摧毁。这就是为什么好奇心、最初的冲劲、起步时的雄心壮志,在导师的眼中并不能保证什么,他太清楚了:这些储粮会被急速吞噬。他甚至期盼失望与挫折和初步的野心成正比,因为一开始的所有事物，无论好坏，都必须被埋藏遗忘，这时，学习工作才能开始。正因如此，如果没有老师指导，一切尝试会在工作刚要展开之时结束。

工作有各种惊人的要求，我们的了解永远不够。它完全不能容忍有才智的人考虑遥远虚无的目标，它要求的是全神贯注。割草的人不眺望田野的尽头。

学校是一个令人敬佩的地方。但愿它丝毫不被外部的纷扰侵入。我喜欢那些光裸的墙，一点也不赞成在上面挂东西提供观赏，就算是美丽的事物也不好。因为，注意力应该集中在课业上。无论孩子正在阅读、写字，还是计算，这项特别被拨出的行动是属于他的小世界的，应已足够。而在那四周，那种无趣，那片没有起伏的空白，宛如说服力十足的一堂课。因为，小男孩，对你来说只有一件事情重要，那就是你正在做的事。你做得好或不好，等一下才会知道；但现在，做就对了。

这样修道院似的简朴从未因为它真正的好而被认可，尽管事实上，身在其中有种幸福的渺小感。"噢，孤独！噢，贫穷！"所有会强说愁的都是诗人。我听人讲过一个故事：有一个颇具天分的孩子，他的钢琴老师花许多时间跟他谈论传记、流派和各式体裁；这么做或许能训练他大致正确地谈论贝多芬，却丝毫不能教会他弹奏贝多芬的作品。话说，大致正确的讨论并不难，难的是演奏。总之，对世界上任何一个小学生而言，进步并非来自他所听见的，亦非来自他所看见的，仅能来自他动手去做的。

而这严格的方法，非常有效地缩短了看世界的距离，正是进入世界的门票，因为就算打听到一切信息，我们仍永远一无所知，只能透过传达命令和抄写电报得知政策，别无他法。我甚至想说：任何工作都一样，"好好完成"的渴望大概会率先被耗损，而这份渴望适用于每种行业，小学生这一行也不例外。因为渴望的目标太远大，在掺杂下一个行动的同时，当下的行动已遭到破坏。苦练再久的钢琴家，野心有多大，失望总也有多大。于是，他收敛心神，专注用功，将一切寄托在上面。一切伟大始于此。

透过这个想法，我想说明的是，坚忍即是要做到不怕验证；而考验一词，以其整体意义而言，所指的就是这一点。同样的，缺乏耐性者的说辞永远是那一套：他们什么也记不住，没有进步，一切都困难。这种性格不可小觑，我从中看出一种严肃，一种对自我的认真，追求完美的高贵理念，但谈论这些美德言之过早。必须克服这种自尊造成的胆怯。这时，雄心的范围涵盖随手可得的行动，例如调整作息时间。

而借着这样不值一提的自我督促，思想得以解脱，无须怀疑。这项锻炼意志力的艺术不会流失，但我不认为能在中学之后获得，而柏拉图所说的大器晚成者，则永远不会拥有。

07

> 学校与家庭互相衬托，正是这样的对照唤醒了孩子，摆脱生物性的昏睡和那种困住他的家庭本能。

学校的人性

"学校是什么？"教育者常说，"不就是一个更大的家庭，用以代替母亲吗？就算不太敢期望成功，它至少努力接近这个目标。幼年时期，正常的家庭教育需具备两项条件：一，母亲要有闲暇教导孩子；二，她要有能力教导孩子。在满足这些条件之前，我们这些教育者收到孩子父母亲的委托，必须疼爱五十个娃娃，视如己出。这座机构有其人造、抽象、杂乱无章的部分，但随着经济学及社会学的改进，未来想必都会消失。"

他试图像这样缝合新旧理念。但老社会学家摇摇头，眼镜片背后射出闪光。"我们该做的是观察，"他说，"别动手建造。我不相信各位的学校里有那么多的人造成分和杂乱无章，我也不太喜欢大家去追究一家机构与另一家机构有何相像之处。我宁愿认为学校是一项自然产物，至少跟家庭一样自然，而且十分不同：学校自身发展得愈完美，与家庭的差距就愈大。一切都顺着同一条线发展，我很清楚你的意思，但这种学校人性，在我看来，另有安排，别有条理。只要附近好几家邻居合作，孩子们就会自动依年龄分组玩游戏。当然，依家庭分组，自家兄弟姊妹一组，这种权利与义务的自然分配是一种美好，无可替代。这是情感学校，关键是忠诚、信任、敬佩。男孩们模仿父亲，女孩们模仿母亲，人人身兼保护者与被保护者，既受尊敬亦怀有敬意。但为何人要模仿那模仿不来的人？同龄孩子聚在一起，学习相同的事物，这亦是一个自然的社会，与我们的完全不同。相反的，完全是另一种；而之所以是另一种，乃因其结构并非我的发想。你为何要把上学这件事想成不如拥有双手、一双音感强的耳朵和一双对景深和色彩敏锐的眼睛那般自然？"

教育者早已放弃陈腔滥调，抓住这个想法深入思量，因为这样设定出来的目的是他所熟悉的，而且就某种程度来说，多年以来，始终在他的眼皮底下。但是，其他人则专横强势，在谈话中加入整体精神的思维，凸显差距。教育者再次摇头，仿佛从旁观望似的，他说："相反的，学校与家庭互相衬托，而正是这样的对照唤醒了孩子，摆脱生物性的昏睡和那种困住他的家庭本能。在这里，年长年幼平等，生物关联十分薄弱，甚至被抹除。两个双胞胎，两个同龄的表兄弟，在这里会被分开，并且立即根据其他相似之处分组。孩子或许因为上课钟响和铁石心肠的教师而不再深陷溺爱之中。因为这位教师必须铁石心肠。是的，温柔和善的心意，在此不再算数，他必须无动于衷。他必须如此，也确实做到了。这里可出现真实与正确的事物，但以年龄来评估。学校抹除生存之幸福感；一切首先都是外在的，而且奇怪陌生。人性即表现在这规矩的语言、歌声曲调、这些练习，甚至这些仪式的错误当中，丝毫无关乎用心。这其中流露出些许冷漠，思绪斜眼睨视，投入无敌的耐性。目光衡量算计，而非期盼或恐惧。时间拉出格局，有了价值。仪式工作露出冷酷的一面，对辛苦甚至愉悦都无动于衷。"

08

从未上过学的人对自己的思想一无所知。

游戏式的思考

家庭教得不好,甚至养得也不好。血缘家族发展许多无可模仿的亲情,却没有好好规范调整。因为人们信任家庭,于是每个人都全心专横霸占。这听来野蛮:一份完全的信赖,没有任何自由空间。什么都能强求,但同时什么也都成为义务。当一家人如植物一般自给自足,不靠朋友、合作伙伴或路人的好脸色,即产生一种绝对无可匹敌的幻想,那是一种赞许与责备同时存在的疯狂。绝对不许分裂,因为大家太希望一致和谐。这种纯粹生物关联的存在模式,最明显的特征在于年龄差距,且因此阶级之别无处不在。兄弟争吵令人惊异,但应该想想:兄弟之中总有一个大一个小,重点是家族共同体,而非平等。身体愿意略略迁就,但精神开始反抗,得到天性的惩罚。这造成一些悲剧，而且可能已发生在七岁小人儿身上。大家必须同意，从一位父亲或母亲的角度来看，无论多小的想法都不公平；必须同意，这样很好，而且也只能这样。

我觉得宗教团体诠释了这种对立，但模糊抽象，也就是说，仅简单否定。家人关系对灵魂之救赎造成障碍，这种想法即使未多加推演，仍十分强烈。在生物学机构之前，个人救赎这则教义永远能引发轩然大波。反过来说，粮食课税与滋养浆果的诉求在圣灵之前亦永远被视为耻辱。于是有了这样的区分，《波利耶克特》(*Polyeucte*)[1]剧中已大书特书。

需求使然，对手必模仿其对手。天真的教会是一个灵性大家庭，重建家庭的模样。我们在神秘的晚宴中所看到的，既是对平民人家餐桌的否定亦是模仿；因此有了强制尊敬与信仰的规定，而走出童年也成为难以克服的困难。这些社会组织必须被当成生物学来研究，因为生物学无论如何都支撑着我们，且进而永远地掌管着我们。多少大人是教义的孩子，就像那些在祖先面前还是小孩的父亲一样！永恒天父之隐喻正如这些生命的运作，远远超越我们贫瘠的思想，经常宣告，

---

[1] 剧作家高乃依的悲剧名作。

并一直规范着他们。

现在，若要寻求折中办法，必将在学校找到。从未上过学的人对自己的思想一无所知。这正是另一种社会组织，以及一个自然主义者的崇高目标，但人们不屑一顾。这个社会通过所有同龄者的游戏成形，在这游戏中，他们必然互相追寻。孩子们自然聚集，尽管彼此陌生，却一起来到他们的游戏共和国，到交流热络的社群，而非家庭式的社会。但是这另一种社群，根本没有真正的工业，或许也没有丝毫真实的亲情，而且有一段时间还逃脱了需求及最艰辛的急迫，该如何尝试对它进行确切的分析？在此，头脑的运作模式依然不会导致任何悲剧，而游戏本身会自然牵引出游戏式的思考，选择并限制问题，否认一切后果。很清楚的，孩子不会因为算错一题数学就毁了一辈子。这里有犯错的空间，黑板会擦干净，错误不留痕迹。于是心智染上轻忽的气息。单独来说这完全不是好事，却是最根本的长处，一如体操中跌倒摔不死的能力。这是新现象，我们仅稍稍瞥见一个社会组织的成果，而在这个社群中，有那么一小段时间，所有人的思想皆自由，且能自我评判。

09

过度明显的意志力、激昂、热烈，总之所有类似激情的一切，皆与智力训练不兼容。

老师的冷淡

人人都知道，当父母想插手教自己的孩子，成效通常颇差。有一位好父亲，同时也是一位很好的小提琴家，我曾见过他几次可笑地勃然大怒，最后还是把儿子交给某个情感没那么充沛的老师。爱没有耐心。也许他期望太高；也许任何一点点疏忽在他看来都是一种侮辱。这种情感，常被援用来解释错误并原谅错误，而若用于判断老师的报告，却变得比自己教导时还要严格许多。不过我也不讶异有人对亲人如此严厉，他不也如此奇怪地严于律己？一个大人能容易地原谅他人的笨拙，但想起自己做过的蠢事，十年后还会脸红。同样的，儿子的无知令他脸红，仿佛那是自己的无知。他失去了所有分寸，而事情并未因而改善。

亚里士多德曾说，情感很快即成暴君。这事必须两边都看。那位父亲想象，若是碰上年轻人的无聊肤浅，儿子一定一点也不喜欢。但他的孩子呢，他懂的事得比父亲想强迫他懂的少。他试过情感的各种示意信号，假如没有一种成功，他现在必然陷入绝望。家庭深受一种反抗精神和热情危机困扰，而学校立即就能消除。我见过一名孩童被拖去上学，大吼大叫，而校门才一关上，他就闭上了嘴。机构的力量使然，他感觉到自己是学生。这是因为有一股冷漠，来自老师的职业训练，如某种天候环境，迅速产生强烈的作用。

情感是珍贵的事物。但是，别期待它无法提供的帮助。暴君认为威廉·退尔（Guillaume Tell）一定会为儿子颤抖。[1] 而授业解惑者正如一名弓箭手，不该太关注目标是什么。对我而言，好老师要够冷淡，而且刻意如此，训练自己如此。一名父亲可以这样告诉儿子："要让我高兴就这么做。"不过前提是做的事非关集中注意力、检查与理解，因为很奇怪地，过度明显的意志力、激昂、热烈，总之所有类似激情的一切，皆与智力训练不兼容。无论哪种原因，一旦有个人强烈撼动

---

[1] 威廉·退尔为瑞士传说中的英雄人物。相传他未向暴君竖立的权力标志敬礼，被处罚必须射中放在他儿子头顶上的苹果，暴君才会放过他们。

你，你就难以用思想控制他。首先必须祭出情感这一招。

另一方面，老师绝不该说："要让我高兴就这么做或那么做。"这是僭越父母的地位。而孩子在这一点上极度腼腆，经常觉得一切亲情试炼有如各种不公平的阻挠。强调亲情这件事本身令根本得不到的人们厌恶。因此，除了父亲以外的任何人，若表现出父子般的情感，很容易显得可笑。每种社会关系终究皆有其影响，父亲应表现得像个父亲，老师像个老师。这一点，有些人过于拘泥：父亲担心过度溺爱，老师拼命练习疼爱。我认为这些顾虑会破坏一切。每个人应该各司其职，差异中应产生和谐。在需要时，亲情的力量在于什么都原谅。相反的，权威欲猜测想法和掀动情感时，只可能软弱，因为它假装有爱，面目可憎，而如果它真心疼爱，那就失去了权势。这是我的观察，而其实所有学过这行的都知道，一旦孩子发现自己有能力用懒惰或轻浮让老师伤心难过，他立刻就会滥用。就我所知，一旦表现出善意好心，混乱将迅速接踵而来。毕竟学校根本不是一个大家庭。学校里彰显的是公正，不在乎爱不爱，没有什么要原谅，因为从来未曾真的被触犯。当老师开口责备，其力道来自事后不必回想，而孩子已经知道得非常清楚。因此，惩罚不会反落在处罚者身上，不像父亲在处罚儿子时也惩罚了自己。

10

> 所有课程中最主要的，而且重要性远远超出其他科目的，是面对必要之事不可耍诈。

教导自己的孩子

苏格拉底早已发现，一名父亲无论多么卓越，也不懂得如何好好教导自己的孩子。我曾在一位受过非常良好教育的老祖母身上看到例子。她始终无法教会孙女算术和拼字。这样的吊诡十分恼人，因为父母总自动认为老师缺乏热忱，而当他们从自身实例印证，便大感惊讶，这才得知热忱不足以成事；我说何止如此，依我说，热忱正是坏事的元凶。

教学也就是一份专业，这大家都清楚。但我也不太信任各种方法手段。再者，我见过一些老师，他们是内行专家，但小提琴也好，拉丁文也好，施展在自己孩子身上的教育成果却很糟。这一行的阻力根本不在我们探寻之处，其实藏在更深层的地方。有个拿钟点费的老师，准时上课也准时下课，因为他还有别的课要上，于是出现一种没有弹性且奇怪的规定。孩子被照料得好不好，大家根本不去想。若没有重大理由，不会有人开除一名按时出现的老师。于是上课显得像一种必要之事。这正是重要的一点，因为只要孩子有任何虚度时光的希望，就绝对不会死心认真并集中注意力。人人都知道，一个想当教师的父亲并非正格的钟点奴隶，所以孩子丝毫没有心理准备。他根本没被绝对不讲道理的规矩制住，丝毫没有养成即刻进入状态对工作全力以赴的珍贵习惯。然而，所有课程中最主要的，而且重要性远远超出其他科目的，是面对必要之事不可要诈。学到"必须"这短短两字的人，已经懂得许多。

还有另一种结果。课堂进行顺利，做父亲的很高兴，于是延长时间。超过固定时间后撑起注意力，这又是一项大错。监督跑步选手训练作息的人都知道，永远不该对让人不觉得疲劳的亢奋妥协。家教老师也许没那么守规矩，但幸亏有外在需求提醒他，钟声响了他就会站起来。无论什么年纪，没有比一项完全用不到乐趣的工作更好。合上书本，去忙别的事，这时，阅读的内容才会自发性地响起，通过某种不注意的状态熟成。对孩子来说这样更真实。

再补充一下：那位父亲要求严格，很快就失去耐性，理由充分，因为他期望很高，过度信赖另外那个自己，但年纪和经验根本不到他自己所以为的那种程度。最糟的是，他依赖情感，到了一点小错都视为悲剧的地步。那孩子，露出他那个年纪的轻浮，立刻被怀疑不爱他的爸爸。因此，对他稍微严厉些，在他看来都是恐怖的不公平。他自己也加入这场游戏，自知被爱，想获得原谅。这些小内心戏后面接着和解场面；这些混杂了温柔与恼恨的讯息，对他来说比文法有趣得多。所以真诚而深刻的情感有其可疑之处，不属于自己的胜利就都不算数。想被爱，又不表现出值得被爱的样子，凡类似交易或补偿的一切皆被深深鄙弃。这就是为什么所有真实感受中都有撒娇的成分：试探让人讨厌到什么程度才会被处罚。而对两人来说，相较于父子感情，拼字根本不算什么，这种甘美的想法毫不迟疑，一并淹没了文法、历史和算术。

11

> 人的天性很容易依据他人的评价调整捏塑，宛如演戏时的接腔答话。

自然的本性

跟我同一个奶妈的兄弟是一个沉默的男孩，头脑聪明，而根据我所知道的，也很讨人喜爱。跟他在一起，我从不觉得无聊。我们两人用面粉捏了小船，还一起养蚕。在我的记忆中，他在游戏的时候从未对我不公平、差别待遇、区分彼此。当他还跟我一起接受我父母的管教时，他大而化之，爱冒险，莽莽撞撞，就像一个正常孩子的模样，跟我比起来半斤八两；不过他很服从，有礼貌，面对权势表现得体，跟我一样。

我们在他家里的时候，等于改朝换代，事情起了变化，只见一幕幕暴力场景与可怕的处罚。我还记得他父亲为了让那孩子对祖母道早安，一个一个地摔坏二十几个小锡兵，而他死也不肯说。在这场私人战争里，我是圈外人，只是被这一幕深深惊吓，因为那些小锡兵的关系。而一旦我们又单独在一起，小人儿身上丝毫不见情绪残留，我们继续玩我们的游戏。然而一旦权势者现身，不管是祖父、祖母或父亲，我必须直言：他们遭到粗暴的对待。顽劣的孩子立即展开攻击，依循战争的法则，公然做出禁止的行为，朝窗户扔石头，讲出跟我在一起时从来没用过的脏话。最后他被绑在一扇窗边，暴露在路人的目光下，头上戴着受罚驴帽，或脖子上套着一面告示，写着"说谎""坏孩子""没良心的家伙"，或诸如此类的话。

这场战争是怎么开始的，我不知道，但现在我明白持续争吵的动力源自争吵本身。做父亲的梦想得到矫正儿子的办法，认为必须把他教得堂堂正正，绝不心软。而做儿子的只想赢得胜利，不惜表现出父母心目中的不服管教、撒谎、粗鲁的样子。这些闹剧后来都被淡忘，顽劣的孩子变成一个跟其他人一样的大人。

从那时起，小孩和大人身上皆然，我经常得到印证：人的天性很容易依据他人的评价调整捏塑，宛如演戏时的接腔答话。但或许亦因为以下这个更深层的理由，那就是人有一种权利，可以对你认为在说谎的人说谎，去打被你归为粗暴无礼的人，以此类推。反向检测的结果通常也成立：人们绝不会去打把双手收在口袋里的人，也不喜欢欺瞒诚实可靠的人。我从中吸取教训，就是绝不该急着判断一个人的性格，像是宣告某人永远是笨蛋而另一人一辈子是懒惰鬼。在一个苦役犯身上标记号，就等于给了他撒野的权利。在所有罪愆深处，想必有某种人们相信的天谴；而在人际关系之间，这可以牵涉到很远。评判需要这份谴责证明，而证明则巩固评判。我尽量做到绝对不高声评论，甚至连低声也不，因为眼神和态度总是泄露太多。好与坏经常源自相同的初衷，我期待雨过天晴；而在这方面，我鲜少出错，所有人都很富有。

尽管如此，我依然坚信，每个个体皆依据其自然本性出生、度日和死亡，好比鳄鱼即是鳄鱼，一辈子不会变。但这本性属于生命的范畴，远远超乎我们所能判断。那是一片情绪基底，如同一段生命时期，不会仅将自身封闭在好与坏之中，也不限于善与恶之中，反而更像是一种无法模仿、独一无二的存在，或直率或狡猾，或残酷或慈悲，或贪婪或慷慨。请注意，在一场相遇中，一个人勇敢而另一个胆怯，他们之间的差异，其实比两人都是英雄或两人都是胆小鬼少得多。

12

> 每个人都想依据在家庭中观察到的模样来评断孩子,这是错误的方法;一位社会学者,依其个人的前例,更应当避免这么做。

孩子的野蛮状态

社会学家研究野人的风俗,惊愕得目瞪口呆。他们研究的不正是孩童的习性吗?人们对这个族群所知有限。每个人都想依据在家庭中观察到的模样来评断孩子,这是错误的方法;一位社会学者,依其个人的前例,更应当避免这么做。在家里,孩子与其他同类并无牵连,他被困在兄姊与弟妹之间,被体内各种打不倒的感受驱动。只有到了学校,他才能找到同类和对等的人。在学校里,他像另一个人,有时更好,有时较差,说起来总之不一样。这件事几乎所有老师都忽略了。他们仰赖感受,而感受必然十分微弱。老师完全不是一个宣告指派的父亲。的确，被隔离开来的孩子在完全不认识的人面前通常有礼貌，但若聚集一批同年龄的孩子，在这群小孩中，强烈的感受来自模仿与传染。若你认为这个集体，在反应、意见、热情等方面，会与其每位构成分子相似，那你将错上加错，尝到被五十张面孔连续羞辱的滋味。

这个孩童族群有能力去爱人和尊敬人，但最早完全不是出自思考，而是所有人赋予每个人的力量，而这些集体感受刻画得那么深刻，以至于即使单独一人，也会留下些什么，只是这群人首先必须有秩序，依循安静及注意力的引导。安静跟笑一样具有传染力。但如果这个儿童社会一开始的配置不佳，一切就都完了，而且通常无药可救。笑声将动摇那些最乖最安静的孩子，因此他们全都觉得自己位于某种像大海般的盲目环境，是其中的一分子。他们立即感到这股集体力量难以抗拒。礼貌这种家庭习惯，在这里不再站得住脚。孩子处于野蛮状态。这样的状况消磨了好几位可敬、热忱、和蔼的好人，使他们徒留失望。

在这样的困境中，能启发老师的第一种念头：这些混乱没有丝毫恶意，甚至连个想法也没有。那是自然效应，是人数造成的结果。如果顺着这个念头去想，会被导向一种谅解宽恕的做法，以及一种严厉的做法。因为，在此，重点根本不在于衡量或评判，而是要去阻止。如果老师因而身体力行，直接反对混乱的秩序，他很快就能赢得胜利。我这么说的意思并非要他去动手打架，再说他也不是最强壮的；但他可祭出一些这个骚动年纪特别敏感的惩罚，而这些绝对足够，只要施行起来坚定不移，形同自然的威权。

在我自己还是孩子的时候，我观察到那些用类似清扫门户、整理杂物的方式，坚决维持秩序的人，立即令人生畏，因为他的冷酷夺走了一切希望。而无一例外地，那些想劝导、倾听、讨论，最后取得承诺于是选择原谅的，则被轻视，饱尝嘘声，而且说来悲哀，落得被痛恨的下场。反之，另外那一派，铁血无情的人，最终得到爱戴。

做父亲的处境则完全是另一回事。一方面，他爱自己的孩子，孩子也知道。孩子有一种不容小觑的手段，强迫父亲处罚自己，借此惩罚父亲，然而孩子也爱他，尤其是没有其他同龄小孩，单独面对父亲之时，而其他家人，无论辈分，一起扮演调解及见证的角色。值得注意的是，这份父权完全没有教导能力，这一点不言自明。一方面，拼字错误被当成一种伤感情的冒犯，但反过来看，所有真心付出的举动都能抹除那个拼字错误。在学校那样另一种社会中，情感完全不算数。一方面一切都会被原谅，另一方面，什么都不被饶恕。

别在这里表现慈爱，也别对爱抱持任何期望。在这个社会中必须建立起的秩序不该与家庭秩序有任何相似，但必须持续描述这些鲜为人知的习性。为何至今没有任何社会学者认真思考这件事？

13

> 孩童族有自己的神圣法则,只有其族人能受惠。游戏同侪之间的强烈关联直到长大成人后仍维系着,并能让他与一个二十年没见的男人立刻变成一定程度的朋友。

孩童族与父母族

在约瑟夫·鲁德亚德·吉卜林(Joseph Rudyard Kipling)[1]的书中,大象拉扯绳索,拔掉小木桩,回应深夜里的呼唤;奔向象群的舞蹈,那是人类从未见过的仪式。然后,这头人类忠实的朋友又回到木桩堆中。同样的,远离族群的孩子站在紧闭的窗后,听着其他孩子的呼唤。孩子与家庭的关系坚固,

---

[1] 约瑟夫·鲁德亚德·吉卜林(Joseph Rudyard Kipling,1865—1936),生于印度孟买,英国著名诗人、小说家,1907年诺贝尔文学奖得主,著有《丛林之书》《原来如此的故事》等书。

与孩童族群的关系也同样浑然天成。一方面，在找不到平辈或同类的家庭里，他在孩子群中比较不会格格不入。这就是为什么一旦能扯断绳索，他就奔向游戏，那等同于孩童族群的仪式与崇拜。所以，他满载幸福地模仿同类，从他们的动作中察觉自己动作的模样。

在家里，孩子根本不是他自己，他到处借镜，模仿完全不是他这个年纪的样子，于是生出一股烦躁，而人们对此认知不清。在家里，孩子宛如外人，因为他既感受不到别人给他的情感，也感受不到自己表达出的情感。人们想加诸某些孩子身上的"故意使坏"这种说法，想必只是无法扯断绳索去加入孩童族群所造成的不耐烦。这个族群既是无神论者又是虔诚信徒，游戏中有教规有祈祷，但没有任何外在的神明。这个族群就是自己的神，崇拜自己的仪式，其他一律不爱：他们是一群"宗教少年"。当观众的时候，亵渎者丢人现眼，而若发生在参赛者身上，后果更加严重。虚伪的人欺骗不了有信仰的人。这之中衍生出种种难以理解的情绪活动。我还记得一位行事莽撞的父亲，他想跟我们的孩子群玩小锡兵。我清楚地看出他什么都不懂，他的儿子发起脾气，推倒了所有东西。大人们永远不该跟小孩一起玩。在我看来，最聪明的游戏是把他们当成一群陌生人，以礼貌与保守的态度相待。

当一个孩子常与其他同龄的孩子隔离，他只有在一个人的时候才玩得高兴。

所以学校这样东西是天然的。孩童族群在那里自成单位，而学习则又是一项仪式。但是，老师必须扮演陌生人，保持距离；一旦他靠拢接近，想当小孩，就会引起公愤，仿佛秘密社群被一名亵渎者闯入。孩童族有自己的神圣法则，只有其族人能受惠。游戏同侪之间的强烈关联直到长大成人后仍维系着，并能让他与一个二十年没见的男人立刻变成一定程度的朋友。孩童族像这样长大，成为大人族，与他们的兄姊形同陌路，与他们的弟妹形同陌路。与兄长的对话总有些困难，和父亲对话简直不可能；跟一个与自己不同龄的陌生人对话比较自然，跟一个教写字或科学或文学的老师对话比较自然，因为老师会感受并维持差异，而不像兄长或父亲那样想接近、了解，却因为没成功就立刻恼羞成怒。于是老师成为父母族和孩童族之间的使节与协调者。

14

在那样的人类经验里，没有任何事按道理成功，错误经常被惩处，而其他时候则罚得过重；在那样的经验里，时间过得迂回拖拉，因为必须跟着财富收入走。如果靠吹长笛过活就得遗憾放弃小提琴。

孩子的议会

孩童族将自我改革，再次掌管他们的十个月议会。

家庭在这段假期中，已经穷尽思考能力，然进展有限。因为通过慈爱的亲情交流，每个成员都以自我为中心，施展奴役的权力，情绪泛滥，不顾后果，以致晚辈当道，麻烦不断。孩子完全置身事外，在障碍中随机应变，饱受众人的一致谴责折腾。但现在他将回去处理自己的事务，在他的议会里找回自己的想法。学校适合儿童的思想发展，这么说实在尚不足以形容，因为他很可能只在学校里才有想法；而我们后来的智慧，只不过是这段美好时光的回忆。

经验丝毫起不了传授作用，甚至连依循最严格的方法来主导它也没辙。然而，究竟有谁曾经这样质问天性？或许某位教师，自己也被孩童族集会拉回了童年，那种集会比正统学院的集会更强大。老人一身是病，脾气暴躁，他们的阴谋、奉承与优势令人很快就忘记健全的经验和诚实的数据。对集体而言，取而代之的是人类经验。在那样的人类经验里，没有任何事按道理成功，错误经常被惩处，而其他时候则罚得过重；在那样的经验里，时间过得迂回拖拉，因为必须跟着财富收入走。如果靠吹长笛过活就得遗憾放弃小提琴。压在每个大人身上的人性无常太沉重。际遇可成就事业，行动跑得比思想快。

孩童族存在于这随波逐流的浪潮之外。小大人背着书，穿越在街头上演的事件，去遭遇根据他的期待、版本或问题所量身打造的各种事件。而课程并非一件简单小事，因为必须照着它的进度走。然而，从来没有一个在世且已完成学业的大人能够按照课程，从简单开始，根据难度克服一个个问题。成功之神把书本颠倒过来，不给我们时间读完章节，甚至一个句子。但在学校里众生平等，这珍贵的环境调整着步伐，让精英再次看见他已经知道的，得以从惊讶状态恢复痊愈。所有学生都得到惊人的安全感,凭借的是这项丝毫没有可疑之处的支援,以及这样依据每个人的能力,糅合信念与劝服的随时保证。在老师的协助下,通过实证与公众议论的结合,对于再小的事物,一首维吉尔(Virgile)[1]的诗或一道算术题都能建立起真确的看法。路上遇到一群小学生,看他们边上学边讨论某个动词分词或比较某个单位重量,真是一种美好的感觉。每个人抽一份考卷来改,经常出现没把握的学生去矫正自信十足的"权威";而所谓"权威"也都是孩子,没有人摆架子也没有人戴尖帽子受罚。这样幸福的心智状态,永远不会重现;就算是两名教授一起,也不可能有这么大的善意,也不会如此纯粹地尊重正确的价值观。

孩童族打造各种观念,结果被大人族拿来糟蹋。由于操之过急,无预警状况,还有控制不住的脾气,大人经常钳制打压这些想法,经常用铁剪刀扭曲,但铁剪的力道很弱。而这些被扭曲的观念其实有时候很美,带有战斗的痕迹及整体思想的脉络。这就是为什么,就连教科书的背面都算是最好的仔细观读的物品之一:用于记忆与提醒。

---

[1] 全名为普布留斯·维吉留斯·马罗(Publius Vergilius Maro,前70—前19),古罗马诗人,有《牧歌》《农事诗》《埃涅阿斯纪》三部伟大的作品流传于世。

15

> 孩子的失望之情总是一下子就全面失控，如果这时没有一股来自长辈的力量，让他从对这个年纪来说还太严苛的冷漠世界中站起，他将一开始就抽搐发狂。

与孩子匹配的力量

孩子们的那种恐慌与沉沦促使我去思考：学校这个专属孩子的社会，必须且确实与大自然有所区隔。学校要有园地，也就是说一片经由大人设计过的、整理过的、划好界限的自然区块。于是，所有活动都是为了学业与游戏，没有任何关于生产或防卫的实际烦恼。这样的环境根据孩子的天性来调整，而他们天生对激动的情绪全然没有抵抗力。孩子的失望之情总是一下子就全面失控，如果这时没有一股来自长辈的力量，比方说母亲或乳母来扶他一把，让他从对这个年纪来说还太严苛的冷漠世界中站起，将他重新裹入刚脱离不久的人性襁褓中——那里散发着对小人儿的温暖与慈爱，而慈爱是泪水与睡眠最强大的解药——他将一开始就抽搐发狂。

从一个抱在怀中的孩子身上，可掌握尚不知如何生活的童年与保留了童年的成年之间的准确比重。正如处处可见的，在工作中，乃至在城市里盲目奔波中，快乐的孩子或昏昏欲睡的孩子被交通工具载着，乘着车在这拥抱般的姿态里，与在摇篮中一样，安安静静。孩子这番乖巧的表现骗了我们：乖巧是因为我们，而不是他自身。

学校里的孩童族看起来赏心悦目。在这个地方，孩子找到与自己匹配的力量。但是仔细观察，你将发现那里有各种防御措施与屏障，抵挡所有外在威胁。孩子玩搭船搭车的游戏，但缺少滔滔流水、马匹和蜿蜒的道路。一旦孩子与某种真实的力量扯上关系，当那是山羊拉的车，一切就必须事先做好调整测量，让山羊、车子和孩子都在乳母及保姆等长辈主导的范围里。即使缩减尺寸，他们也不会构思一列真正的汽车让孩童们拿来玩游戏，扮演司机和乘客。机械的力量盲目且无人性，一点也不适合当成游戏；或者，机械玩具的尺寸必须足以让小小的脚儿能一脚踢翻。

在自然状态下，人类共同的生活环境中，孩童出于恐惧的激动情绪，而且也许是所有激动情绪的隐藏动力，成了一头怪兽。一群孩童聚集，意味着需要一个平坦的场地，没有秘密也没有陷阱，那里所进行的一切都只是游戏。一旦出现危险威胁，群聚的孩子们就会被分散，由一批更可靠的人来紧密监管，绝对不用恐惧来制服恐惧。掌控环境的天性与被控制的自然之间这精确的比例，来自那许多冒着日常危险去默东（Meudon）[1]旅行一趟的家庭。此外也别忘了，家里的孩子们并非全都一样岁数，年纪大的扮演保护者的角色，理智与勇气自然更雄厚进步。学校则相反，聚集同年龄的孩子，只要处于专属学校的环境，一片祥和宁静；不过一旦稍微出现非人类因素的损害，就是恐怖的慌乱。因此，有一所高等学院，很审慎地进行了防灾演习，只听一声令下："失火了"，大家便冷静逃生。这么一来，老师平日的权威，亦即信任的来源，被大火这种非人类力量取代，尤其被恐惧这非人类力量中的王后取代。从这里，大家也许会发现学校是某种特定类型的社会，与家庭明显有别，也与大人社会明显区隔，并且有其自身的环境与组织，同样还有其崇拜及专属的激动情绪，是社会学者的好题材。

---

[1] 1842年，连接巴黎蒙帕纳斯和凡尔赛的铁路在默东发生事故，造成五十五人死亡。

16

> 你说应该先了解儿童才能教导他们，但这根本不是真的。我反倒会说，为了了解他们，应该先去教导他们，因为，他们真正的本性借由研究语言、作者与科学逐渐发展。

教导以便了解孩子

　　心理学家的讨论顺流而下，宛如一条小河。"只有实验，"他说，"能教导我们。如果未曾先从专业中学到改变自然现象的技艺，在自己身上产生决定性的变化，并评估其效果，观察并不能带领我们进展多远。物理学家是什么？化学家又是什么？不就是一个把物品当成问题研究的人？他把那样东西打断，制成粉状，置于低温寒冷和高温炎热的环境之下。若没有他无数次的测试，我们恐怕永远也捉摸不到隐藏难见的定理。同时，也只有当我们把人置于设计好的实验环境中时，心理学才能提升到科学的地位。在这方面,医生已做了许多研究,可惜他们只重视疯子的病例。教育者也应该将学童置于试验与测验的环境中,为了最后能教他们某些儿童专属的正向优点。对于人类的这段天然时期,他们认识不多。若没有这些教学法上的心力投注,他们的时间就浪费掉了。想教导儿童,就必须先了解他们。"如何反驳?明显的事实即是"美杜莎的头"[1]。

戴着眼镜的社会学家却有话要说:"倘若如你所言,人类的知识形成触手可及,那么人类的问题可就更加简单得多,我为此欢喜庆幸。可惜实情并非如此。在所有古代民族中,我们看见各行各业都发展到惊人的完美程度;同时,工匠仍脱离不开荒谬无比的迷信。我们可以从中得出结论:双手变化出的物品一点也没有教化功能。我请你将注意力放在另一个宇宙皆然的事实上。最早的科学,最早的自然法则观念来

---

[1] 弗洛伊德在1922年以"美杜莎的头"为题,写了一篇短论文,于1940年发表。他认为希腊神话中美杜莎长着蛇头发的头颅象征女性的阴道,而断头的美杜莎指的就是阉割。不相信已被阉割的男性看见女性生殖器官的瞬间,有如断头般恐惧。美杜莎的眼睛可以将人石化,指的就是那个受了惊吓的时刻,同时,石化也意味观者的勃起,进而得知自己的阴茎还在,因此得到宽慰。雅典娜女神将美杜莎的头颅镶入盾牌,用来吓阻所有对性的欲望。

源，无论在哪里，皆是天文学。而天体恰是唯独不在我们掌握中且非我们所能改变的物体。因此天文学家受到保护，阻挡这种不肯耐心凝视却任意改变物体的冒失好奇心。而现在，你举了那么多实验的例子，也只教导了谨慎且受天文学训练的人，也就是曾长时间观察的人。如果对于想获得知识的人来说，伸手太快是危险的，对于心理学观点，把目光聚焦在人类这个物体并着手改变，我们又该怎么说？这些实验立即为他们温柔又脆弱的物体带来不安，我的不信任远不止于此。而你可真有趣，去观察今日的儿童。凭着语言文字，他们在几个月内就能学到几个世纪的智慧。如今，这个族群的孩童席卷整个地球，处处有其宗庙与神明。"

他停顿下来，擦拭眼镜。"现在，"他说，"我有另一件事要说，不是以社会学者，而是学校教师的身份发言，因为我曾研习这门行业。你说应该先了解儿童才能教导他们，但这根本不是真的。我反倒会说，为了了解他们，应该先去教导他们，因为，他们真正的本性借由研究语言、作者与科学逐渐发展。我要训练他们唱歌，才知道他们有没有音乐天分。"

17

> 让律法变得更好的是法学家，原因恰在于他懂法，而且因为他信法，并且坚持律法。

退后即是向前

教学应该要果断地走在后面，但并非要退步。完全相反。正是为了迈向直达之路，所以要拉开距离。因为，如果从来不肯置身于已被超越的时刻，又如何超越它？获取最实时的知识，即使对一个最强盛有力的成人来说，亦是一项疯狂的有野心的计划。他根本不会有冲劲，也不会有任何合理的希求。无论哪个领域，他只会看到不足之处；最后，我敢打赌，会陷入"皮浪怀疑论式"[1]的停滞，也就是说，什么都明了，

---

[1] 源自古希腊怀疑派哲学家皮浪（Pyrrho of Elis，前365—前275）的主张。他认为我们的感观无法评断真理或错误，应该保持"不做任何决定，悬搁判断"。

却什么都不敢肯定。相反的,奔向远古时代之人却能依照恰当的动作冲刺,深谙取胜之道,用这份经验造就出坚强健壮的才智。

因为我们不能原地不动,而且我们很清楚自己不会停留在那里。这样粗蛮且抽象的思想,险峻多岩,却有其未来。既然已有那么多人克服了古老的法则,人人都能允许自己去相信那法则;通过这种方式,让更高境界这项承诺趋向成熟。谁一开始不是法利赛人(Pharisien)[1]?如何矫正自己不再当这样的人?此外有多少人老了之后会成为法利赛人?那就是一道退步的台阶。而这正是律法让我们感受到的,因为律法永远不够,这一点很容易明白,但这种不甘心的想法并无法带来任何成果。让律法变得更好的是法学家,原因恰在于他懂法,而且因为他信法,并且坚持律法。一个想法之所以能推动另一个,仰赖的是充足而非不足。面对人类,维系和平的法官通过学说本身的力量去思考,于是出现法律原则判例,比辩护律师的讽刺挖苦更有力,涉及的范围更大。

孩子需要未来,该给他的并非大人最终松口的那句话,

---

[1] "法利赛人"在《圣经·新约》里是带贬义的用法,指墨守成规、严守律法而不知变通的人。

反而是第一句。这一点古代的作者们做得非常令人赞叹,我们应该召唤先知,他们会给你核心提示。在这方面,古代文学的好处在于必须听从神谕,若要扪心自问,没有任何方式比刻在德尔菲神庙的三角楣上的箴言[1]更好。在科学领域中正好相反,由于提纲日臻完美,我们经常甚至连阻碍也看不到了。一堂简洁明了的机械课上,没有任何停滞,人们提问:"这有什么用?"而不是在心中自问:"这可以减轻我什么负担?"相反的,在笛卡儿的学说中,我们看得很清楚,因为他出了错,又揪出自己的错,与我们亲近得多;但泰勒斯(Thalès)[2]更好,在他之前,苏格拉底已深谙这种将所有想法回归到最初状态的艺术。关于液体,用阿基米德的方式去思考;气压就用帕斯卡(Pascal)[3]的理论。甚至残留在他们思路中的困惑,还不足以称之为我们的困惑,但与我们的十分接近。古人也有新意,而那往往是现代人所没有的,因为他们所认为的真

---

[1] 即"认识你自己"。

[2] 泰勒斯(Thalès,约前624—前546),古希腊时期的哲学家和科学家。泰勒斯试图借助经验观察和理性思维来解释世界,是古希腊第一个提出"什么是万物本原"这个哲学问题的人。

[3] 布莱士·帕斯卡(Blaise Pascal,1623—1662),法国物理学家,提出流体能传递压力的定律,即"帕斯卡定律"。

理根本还不及我们的错误。地球会转，这个论点已经老掉牙，连宗教狂热者也不再觉得有何困难。但他会因此变得比较不狂热或更盲目吗？这件事我无法定论。

18

> 大众不擅长主动求知，因为在众人的想象中，最后得知的真理就是他认可的那个。

怀疑是一种过程

知识分为好几种。一名教师开始解释天空中的事物时，首先描述外观，然后用星辰的升起与落下来定义东方和西方。他常碰到的状况是有个娃娃说："不对，才不是太阳升起和落下，是地球在转，爸爸是这么告诉我的。"这类型的知识无可救药，因为像这样提早知道地球在转的孩子，永远不会对外观付出足够的注意力。而当人家跟他谈论天体，为了描述外观，不可能忽略周围的辅助形态，这孩子却会以为并非如此，然后白费力气地去追寻哥白尼的行星排列次序，认为那才是观看星星该有的方式。哥白尼提出的次序的确是外观的真理，但我认为，在真正形成太阳系的观念以前，应该连续观察两三年，并且依循各种外观形貌。在确定有把握之前就先怀疑，这是一种过度普遍且无法治疗的恶习。

大众不擅长主动求知，因为在众人的想象中，最后得知的真理就是他认可的那个。但真理不可能像这样从一人的头脑灌输到另一人的脑袋里，对从外观出发，尚未得到真相的人来说，那毫无意义。多少人曾一面翻开报纸，一面心想："来看看能量储存法则是不是仍然正确无误。"这是白费力气的雄心，你不能迁就你所没有的东西。首先必须懂得那个法则，用千百个例子来测试它，然后才有办法构思第二个原则，也就是所谓的第二法则。它不破坏第一法则，而且若没有第一法则它本身也毫无意义。而且必须两者皆多次应用，才能进入怀疑其中一种的状态。怀疑是一种过程，为了试炼它，首先必须感受到脚下有一股难以撼动的抵抗力。怀疑代表的是确信。

请注意思考笛卡儿，这位前所未见、最大胆的怀疑论者。我们或许可以说他并不如醉鬼、胡言乱语的狂人或多疑的疯子，因为在那些可悲的头脑前，世界时时崩解，外观变化万千，像一团混沌，要靠做梦才能让人有点概念。然而，并没有人愿意说这些衰弱的脑袋处于怀疑状态。而且他们能怀疑什么？相反的，你知道笛卡儿在疑思之时，舒服地待在壁炉旁，比任何人都清醒，摆脱所有激动情绪，对这坚实的世界再放心不过。比较起来，我认为知名的庞加莱（Poincaré）[1]大可以去怀疑地球的运行，因为他先前已长期地努力思考过这个题目。但这并不代表先前那个孩子可以从长椅上起立，说："地球在转不见得正确，也许那只是一种说法。"从一个观念到另一个观念，这其中有阶段步骤，而最后，在所有观念之外，每副头脑都该跟随自己的进度，永远费心去造就真理，但不任由好奇去接受真理。如果这份智慧能被更深入了解，几乎所有人在面对爱因斯坦提出的各种吊诡时，都敢像我这样说："我还没学到这个程度。"

---

[1] 儒勒·亨利·庞加莱（Jules Henri Poincaré，1854—1912），法国伟大的数学家之一，对天体力学亦有诸多贡献，被称为混沌学之父。

19

> 我一点也不赞成教授整个大自然的一切，而应该根据目标性质，按照清楚可见的需求来调整头脑，不应过多，也不应太少。

这个必须学

我认为，交由孩子或家庭去选择学什么比较好是件荒谬的事。荒谬的原因也在于人们控诉政府想强迫他们做这个做那个。没有人该做什么选择，选择早就决定好了。拿破仑，如果我记得没错的话，曾用两个词说明人人都该尽可能知道的事：几何与拉丁文。让我们扩大范围，把学习拉丁文当成对伟大作品的研究，尤其要研究所有的人性诗作。于是，一切已道尽。

几何学是自然的关键。完全没有几何头脑的人永远无法好好感知他所存活并依赖着的这个世界。他反而会依照当下一时的热情去做梦，错估对抗的力量，测量失准，盘算错误，招致祸害并造成不幸，因此我一点也不赞成教授整个大自然的一切；不，应该根据目标性质，按照清楚可见的需求来调整头脑，不应过多，也不应太少。对于几何的必要性丝毫没有概念的人，亦将缺乏"外在必要性"这个概念。整套物理学与整套自然史加在一起也无法给他任何东西。所以，不必多教科学，而是要教好的科学，而且永远提出最严谨的证明。几何学之美在于它有证明步骤，而且所有证明中都含有明确且未变质的成分。所以，让球体和棱柱来为我们上常识课。教谁？教所有人。若因为一个孩子学得很辛苦才终于明白，就认定他学不会几何学，这是很可笑的事；也意味着正好相反，应当耐心地引导他入门。泰勒斯一点也不懂我们的几何学，但对于他所知道的部分，他知道得很清楚。因此任何看到必要性的一眼皆是一道光，照亮一生。所以别再计时，别再评量适性与否，只要说："这个必须学。"

诗是人类秩序的关键，而且正如我经常说的，是心灵的明镜。不过不是幼稚的诗，不是那种故意押韵写给孩子的诗；相反的，我指的是最高等级的诗，最受尊崇的诗。在这方面，人们经常会说孩子什么也不懂。毫无疑问，起初他确实不会懂。但诗的力量即在于此，每次读诗，一开始，在教导我们之前，诗先用声音与节奏来掌握我们，依循一种四海皆准的人性模式。而这对孩子来说也很好，特别好。他该怎么学说话？不就是根据他所听见的这些叽喳人声调整自己的动物天性？所以，设法让他一丝不苟地背诵优美的碎语。像这样，在调整自己热情的同时，他进入了解所有热情的状态，立即升华到感受层面，到达可以饱览整幅人类风景的制高点。

几何学与诗，足矣。前后两项互相调节，不过两者缺一不可。荷马与泰勒斯会牵手引领他。孩子具有成为大人的雄心，千万不要欺骗他，更不要拿他所不懂的项目让他选，要不然教义问答课可能会让我们脸红。因为神学家倾囊教授所有的人，特别留意叛逆的灵魂。而且抱持着怀疑，为各式各样的人施洗。至于我们这些教育工作者，是否要挑三拣四，拒绝为怕冷的或睡着的学生施洗授课呢？

20

> 如果教导的艺术仅止于照亮天才，那真该对它嗤之以鼻，因为天才们在听见第一次呼叫时就已经一跃起身，突破荆棘，然而那些处处不懈努力却又处处碰壁的人，那些丧失了勇气并对自己的智力绝望的人，该得到援助的是他们。

教导的艺术

一个小大人，表现得颇有才干的样子，或仅仅只是对学业有特别明显的兴趣，就会立刻被带离家乡。每个人都用自己的方式尽力激励他，他成为三姑六婆茶余饭后的话题。在孩子面前，这样的赞美意味着他具有大人的优秀特质，也许日后会有所成就，同窗好友们也齐声颂扬。我认识一些人，已年过六十，仍很骄傲自己曾经上过学堂，虽然与一个有名有望的人相比，他们很平庸。就像这样，大家都在找寻天才，用他来嚼舌炒作。每个人都认识几个这样的拾遗者，都是些高贵人士，绝不看走眼，除非期望过高。总之不缺奖学金，倒缺拿奖学金的人。因此人们采集可能居高位的候选者，多得超出该有的人数。爬梳过后，什么也不剩，没有一个能被寄予成功厚望。这个问题已经解决了，根本没有任何阻碍。我号召所有现在已经就位的农村子弟和劳工子弟，而且远超出他们该有的地位。我也不想附和那些微弱的夸辞，夸奖那些被呼唤却没获选的人。他们之中，我认识不少，一百个里面看不出一个社会地位降级的。他们几乎全都回到外省，悄悄地不出声，但经常超越他们的小职位，还提供建议而变成更有用的人，发挥一株好酵母的作用。

剩下那些一点也没受过教育的人。原因或在于他们不肯学习，或在于他们不能学习。这里出现了真正的问题。以前曾有段时期，若小男孩想了一次或两次还想不通三角形原理，他立刻就会被放弃。这个方针是合理的，如果官方只打算征招管理人才的话；但若政权真的想要民智大开，那这就是个荒谬的方针。假如一个孩子没有显现出任何数学才能，那可是一则警讯：必须用更执着的态度，并变通方法来教会他。如果他连最简单的都不懂，以后能懂什么？当然，最容易的做法就是主张这种现在还太常听得到的草率判断："这个孩子不聪明。"可是根本不该这么做。一切正好相反，这是对待人的重大错误：不运用自己所有的聪明，所有可以贡献出的友爱及温暖来融化这些结冻的部分，恢复其生命力，反而直接将他归为笨蛋，这是本质上的不公平。如果教导的艺术仅止于照亮天才，那真该对它嗤之以鼻，因为天才们在听见第一次呼叫时就已经一跃起身，突破荆棘，然而那些处处不懈努力却又处处碰壁的人，那些丧失了勇气并对自己的智力绝望的人，该得到援助的是他们。

再怎么大规模地评断也不为过。而对我来说，如果我需要评断一个大胆又刚猛的人，我会请他替一个小奴隶解开基础的观念谜团，就像苏格拉底曾做过的那样。我甚至怀疑天才在对自己说话时，比人们所想象的更接近小孩，自身就有野孩子、奴隶、傻瓜、迟缓儿、迷信的人、笨蛋、无精打采的懒惰鬼等特质，根本不需另外寻觅。这就是为什么我常认为，集合落在队伍尾巴那些人，用千百种方式反复教导初级课程，直到说服最迟钝的脑袋为止，并非是在浪费时间。表现优秀的那些人，包括老师，皆从中得到好处，因为能借此思考自以为知道的那些事，实在太珍贵难得。

当然，没有任何人可让我公开宣称他绝不懂得思考其职业以外的事。当他跟伊索（ésope）[1]一样，是一名奴隶，他也一样会去思考，那么他就不是奴隶。他不仅跟每个人一样，多多少少会去思考神与人的事，更甚的是，他是以和平还是战争、公平还是不公平、高贵还是低贱等所有一切，来决定自己身而为人的重量，即使方式疯狂。再怎么自由的作家，时时刻刻仍感受得到他笔尖下的这份重量。同样的，适合从事商业、农业或机械操作等工作的人，却读了笛卡儿、蒙田和帕斯卡；或只从最简单的定理中就窥到庄严伟大，其实也不在少数。如果人类的宝藏仅留给那些最有资格得到的人，那这个世界将一成不变地走下去。相反的，如果着手教导无知的人民，我们将能看到新的发展。

---

[1] 相传伊索约生活于公元前七世纪至前六世纪，擅长讲述寓言故事。

21

人人公认的美好、四海皆准的人性，恰好就是看似为所有人制定的那些，并非专门给我、给孩子或给大人，亦非为我量身打造，而且总偏离主题，更常常言不及义。

画　画

我常听人说："我们未来的一切都仰赖教育，而教育的成败端赖画画。因为，没有什么比画画更能让我们认识孩子的天性和个性了；再说，如果不先了解孩子，教学又如何能有成果？你们看，那些上学的小朋友，学校里为他们提供的题材启发想象力而不马上奴役想象力：市场、气球升空、乌鸦和狐狸、马戏团、丰收，以及其他许多。他们的选择已多少揭露自己才能性向，但是执行起来，有多么大的差异，多么现实！想当然耳，他们画得粗笨、拙劣，从美学角度来看，我甚至同意那些图画很丑，然而那是多么生动的表达力量，多么发自内心的感受，多么具有启示性的笔画线条！"

心悦诚服的信念少见且珍贵，我并不想对拥有它的人们泼冷水。但是，在此，努力的方向似乎被严重误导，所以我必须唱反调。

我很清楚这些自由自在的图画可以给老师信息，但学校还有一个目的是教导孩子。你说，为了教学，必须了解我们教会了什么。我知道。或许更重要的是要好好了解我们在教什么。至于通过加重的线条，笨拙的动作，热烈的涂涂画画，刻画在这些天真的图画里的孩子天性，我相信它会挑起你及所有人去评断的欲望。我甚至看到，这样的心理学观点带有一种刺探隐私的不得体，想从这天性之中寻找些什么来臆测、赞美和责备。任何特质都可能因无知、困惑、羞怯、自我束缚、愤怒或悲伤而变坏；但通过科学、文化、体育、拥有自我、解脱，一切，是的，一切，皆善良美好。而且，由于我确信人性本善适用于每一个人，我发誓要尽己之所能，帮助每一个人发挥其本性，每一个人也都将尽全力汲取，并消化转换成自己的。因为我有一个奇怪的想法，与上述人们异口同声的说法大相径庭。这个已确认多次的想法即是人人公认的美好、四海皆准的人性，恰好就是看似为所有人制定的那些，并非专门给我、给孩子或给大人，亦非为我量身打造，而且总偏离主题，更常常言不及义。心理学家们搞错了一切，自己骗了自己，因为顽固地想去了解，却不肯去改变和提升。了解我的想法，意思是去实现它；了解我的感受，表示提升它，用人性的角度诠释它。我真正的面貌藏在荷马、维吉尔、蒙田之中。而且，孩子比我更需要，我应该给他一面镜子，让他立即看见自己长大之后心灵纯净的模样。

但这个想法尚不明朗。必须将众多伟大典籍一读再读，才能知道最好的顾问和真正的矫正师在哪里。画画带我们回到同样的想法，途径比较简易。因为无论作画样本是什么，为了画出适当的图，只能先拿捏调和好内心的一切喧闹，而那些纷扰对于手的轻颤与力道又如此敏感。这些大力画破纸张的线条只表达了粗俗。在较美丽的画作中，我欣赏的是纸张的颗粒完好无缺且清晰可见，笔画轻盈，没有重量。线条反映出对模特儿投入的注意力与忠实程度。不过，比起一条精准的直线，这些都不算什么。准确的直线代表的即是画画那个人的面貌。我从中看到自制与纯净。那想必来自一个热情洋溢的人，没错，但更重要的是那人在画画的时候能掌控自己的手、全身以及内心。抛开杂念。所有人的好榜样。所以，那简洁的线条富含真正的智慧，只要去仿效它，每个人都能从中得到一点智慧。而且当注意力仅集中于模拟一幅美丽的作品时，毫无疑问地，他本身也变得更好。反之，企图不靠外力去表达自我，反而会扭曲变形，装模作样。那是被指挥，而非领导，这是奴隶，与许许多多其他人一样，现在是奴隶，以后也是，因为他们从来也不想师法仿效。

22

人类一点也不需要马匹那种完美性。

释放天性

改变人比了解人省事。我所谓的改变，意思始终是一种非常小的变化，小虽小但足矣。一个跪下的人就不是一个站着的人；张开手掌的就不是握紧拳头的；用丹田发声与用喉咙说话不同。这就是为什么，要说服他人时，态度往往比讲道理重要。道理本身为人带来的改变少之又少，但这样的改变就够了。只是，道理的障碍几乎从来不在人们所以为的地方。一个肢体紧绷、起步不顺的人根本听不下道理，必须先通过体操与音乐软化他，然后他才会愿意思考，像一个优秀的小提琴家那样演奏，不会手指紧抓着琴弓不放。僵硬的胳臂和筋软的胳臂，外在差异的确不大。躯体黝黑或白皙，健壮或纤瘦，会拉出各自的小提琴音色，但是，无论什么样的音色，只有在身体柔软之后才能演奏到让人听见。因此，体操锻炼一点也不是为了改变自己的本质，而是在释放天性。

这些困难且需要耐心的技艺让人看见，同样的方法适用于所有人，即使每个人都不一样。我甚至认为，共同教学法的目的完全不是要教出一群相像的人，反而是要把他们教得更与众不同，因为，在两个都会拉小提琴的人之间，又发展出了一项新的差异，那就是他们各自的音色。同样的道理，每个人都有自己的剑法，但大家还是必须学共同的招式。这些例子帮助我们了解，共同的文化如何滋养出缤纷的差异。这就是为什么几何课程适用于所有人。还有课前的准备，也就是轻巧地画出一条直线或一个圆形，也对每个人都有好处，肯定比白费力气去猜想来得好：猜想每个学生各因为哪些观念不清而妨碍学习几何，那等于想用脚踩住影子固定它一样。只是，为学好那些课业，甚至为学好所有的课业，需要利于学习的身体操作，一种轻松自在，一种对事物的熟稔。凭借这些，一场漫长而艰难的净化过程将为头脑打开理性之窗，而人们将可根据文字，甚至数字及其他符号来判断学问的发展进度。

对这些外在方式有疑虑的人，我相信他们抱持着战胜某种天性的希望，其理性程度几乎跟想把卷发梳直差不多。他们什么也战胜不了的。每个人各自的头发仍然一样卷曲，体形也不会变，每个人仍将持续把自己本性的标记印在任何共同想法上。文笔上的差异应该能让他被看见，因为这是从文化发展而来的差异，用来讨论面孔也很贴切：每个人各自的脸部表情也是从礼貌发展而来。因此，我认为自然天性的主要部分是永恒不变的，但这构造和情绪的根基扎得比善恶之分还深。一个人的优点并不那么类似邻人的优点，反而比较接近他自己的缺陷。斯宾诺莎（spinoza）[1]比任何人都了解不变的永恒，他是这么说的：人类一点也不需要马匹那种完美性。让我们这么说吧：人不能把邻人的优点当成外套那样直接穿上。所以，缺陷只存在于自己钳制自己的状态，因为缺乏体操锻炼和音乐素养。凡已自由释放的都是好的。

---

[1] 巴鲁赫·斯宾诺莎（Baruch Spinoza, 1632—1677），西方近代哲学史重要的理性主义者，与笛卡儿和莱布尼茨齐名。

23

> 比起一个身手敏捷的人,一匹矫健的马跟一匹精疲力尽的马较为相近;同样的,比起邻人的勇敢,一个人的勇气更接近其自身的恐惧。

保持做自己

要掌握一个人,就应该深入其个性,对孩子来说更是如此,因为他的发展尚未结束,尽管常常自以为已经成型。大人则总认为自己已发展完毕,于是到处展示他的个性,当成作品一般,也不论是好是坏,纯粹虚荣心作祟。但是让我们深究表面下的情况,在那儿会发现情绪,不稳定的情绪;他泪流不止,不过是因为阳光照进了眼睛里。如果你想了解一个大人,第一步该做的是让他好好坐下,拉上遮阳棚,阻断热浪或寒流,并停止扰人的噪音——首先从你自己的声音开始。总之,应排除所有恐怕会牵连他的小意外。然后,你会发现天性，稳定的天性，那是一套真正的系统，集中且均衡。鼻子与下巴的形状、肤色、发色和眼睛的颜色，一切都长得好好的，因为这些表征都来自一套不可更变的饮食系统，他遵循这套系统长大，因而以后会健康或生病，最终老去。无论悲伤或愉悦，他将永远拥有那些颜色，那种坐姿，那种模仿不来的动作连贯方式，让他成为他的那一切。这些差异是克服不了的，必须去喜爱。这份对自己的坚定和忠诚立即给人希望：他能坚持多久，我就支持多久。说服的艺术想必正系于这份投入，关注天性而不仅止于情绪。我支持他。很好。但我能拿这些做什么？不做他不想做的事，正好相反，该做他想做的事。不去破坏那份坚持，并解除其负担。意使天性保持自然，即是仁慈。邻人的优点，他拿来无用，要的是他自身的优点，依此类推，发色与皱纹皆是。他自身的优点好比手足一般像极了自身的缺点。在此我试图模仿无人可仿的斯宾诺莎，容我这么说：比起一个身手敏捷的人，一匹矫健的马跟一匹精疲力尽的马较为相近；同样的，比起邻人的勇敢，一个人的勇气更接近其自身的恐惧。依此类推，一颗腐烂的苹果远比一颗漂亮的橘子更像一颗漂亮的苹果。一个吝啬的人丝毫不懂付出，这种说法从来不是定论，什么都还说不定。但这种付出的方式将更像守财，将出自同一种手法，而这与斤斤计较纯粹正直之心胸差距其实不大，同样的算法也会用来评估邻人。相反的，轻浮的小偷算他的钱跟算我的钱一样草率，他将偷到自己。然而草率这项恶习与某种慷慨大方相去不远，差别只在于他是施舍还是偷窃，因为手法都一样。

从莽撞到勇敢，残酷到坚定，到坚决，到不可动摇，我看不出这其中有多大的差距。顽固与忠诚，思虑缓慢与悟性机灵，诡辩与敏锐和聪巧之间亦如是。恶习只不过是未完成的品德。斯宾诺莎曾写道：每个人唯一且独特的品德基础来自努力保存自我。这则钢铁般的信条正是最好的工具，但它令人心生畏惧。人们会比较喜欢软性的说法，它则鼓励人去改变自己，去具备一种奇怪的特质，而那都是些白费力气的建议，人几乎在各方面都将维持自我本性。唯一可期待的改变是让他不对外在事物妥协，保持做自己。不过，同样的，解除了这些差异的束缚之后，所有人都得到最有利的结果。怎么说呢？因为你永远不知道你敢不敢摆脱束缚，如神父救赎冉阿让[1]那样。

必须好好重读细腻的《悲惨世界》。首先，这是个不至可

---

[1] 雨果作品《悲惨世界》里的主人公。

笑地误解雨果的好机会。不过，更好的是，其中包含了所有关于正直的观念，基于那股不可动摇的信念，让每一个人做他自己。这份强烈的爱宛如太阳之于人类，让他们开花结果；另一份爱则需要选择，朝喜欢的方向散发，有月亮的属性，如同月光。色彩的真实面貌并未被清晰照亮，更糟的是，甚至根本不成熟。因此当我们对自己的完美尚一无所知，会想去评论邻人的完美；并想许诺自由，但前提是要能善用自由。相反的，摆脱束缚的天性将形成范例，善加利用的方式亦将广为人知。正如《第九号交响曲》，在曲子完成前，人们对它毫无概念。

24

> 有时人们说造成差异的是记忆力,并说那是天赋。事实上,我们可以发现,在自己努力投入的事物上,所有人都展现足够的记忆力。

性格的考验

长久以来,总听见人们说某人聪明而另一人不聪明,我早已倦乏。

这样轻率地评判人的才智,简直是天下最愚蠢的事。我深感惊恐。那么,掌握不了几何学、被视为庸才的那人,如果他循序渐进,而且锲而不舍,他算是那种人呢?从几何学到最高等最艰深的研究,这个过程无异于从漫无目标的想象到发展出几何学,困难之处也一样;对性急的人来说难以克服,对有耐性且一次只思考一件事的人来说则不算什么。关于这些科学上的发明,关于人们所谓的天才,我只需说,成效只有在长期用功耕耘后才看得出来，而倘若一个人什么也没发明，我无从得知是否只因他没有发明意愿。

同样的这个人，他在面对冷酷的几何学时退缩了，二十年后我又见到他，他正从事一项自己选择并坚持的行业。在他的领域中，他看起来颇为聪明；而其他人，在做足功课以前就想随兴发挥的那些人，虽然通情达理，能掌握其他事物，对于那个领域却胡说一通。他们所有人，依我看来，在常识问题方面皆愚蠢有余，因为他们在发言以前丝毫不想先把事情看清楚。于是我有了这种想法：人的聪明程度都是自己决定的。言谈用语给我的讯息应已足够，因为愚笨其实正意味着智力薄弱。因此，就某方面来说，大众的直觉已对我指出具有判断力的人和傻瓜之间的差别。意志，而我想更精确地说：用功；后者缺少的就是这一项。

于是在评量人时，我养成了端详的习惯；但我注意的不是他们的额头，而是下巴。我要看的不是会组合与计算的部分，因为那里永远够用，而是一口咬住就再也不放掉的那个部位。换句话说心智优良的人即是精神坚定的人。一般用语也使用"意志软弱"这个词来指称媚俗循例去评断的人。笛卡儿的巨大身影仍远远地走在我们前方，在著名的《方法论》中，他开宗明义地说了一段常被引用却不太被了解的言论："世界上分享最广之事即为常理。"他更直接地阐述这个观念,在《沉思录》中这么说:判断所关乎的是意志,而非悟性,因此不讲人们异口同声说的聪明才智,改提宽宏大量的心胸。

在聪明才智的范畴中,永远没办法找出程度分级。难题都被简单看待,就像用二加二得出四一样,变得那么容易解决,只要没陷入自我想象的困难泥沼之中,即使最迟钝的头脑也能轻松过关。我几乎敢说天下无难事,只怕庸人自扰之。我的意思是,傻瓜就像一头驴,摇头晃脑,拒绝前进。对,正是情绪、愤怒、恐惧、失望的关系,这些原因一起出现且翻搅旋转,让人变傻。这头动物敏感,自尊心强,野心勃勃,经不起挑衅,宁愿十年做牛做马也不肯单纯谦卑地用功五分钟。例如有那么一个人,因为连续弹错三次就对钢琴自暴自弃,从此抛下一切。无论如何,他本来愿意练音阶,但是经过一番理智思考,他就不肯苦练了。或许在情感作祟之下,一个人的双手可能出错,但即使不是多么严重的耻辱,却不许他的头脑出错,那可是他特有且私密的财产。当然,智力有限的人难免激狂,那是某种程度的反抗,宛如刻意的自我诅咒。

有时人们说造成差异的是记忆力,并说那是天赋。事实上,我们可以发现,在自己努力投入的事物上,所有人都展现足够的记忆力。而那些惊讶一位钢琴家或小提琴家能凭记忆演奏的人，只会暴露出他们的无知，不懂艺术家经过了多么顽强执着的用功才能成为艺术家。我认为记忆力并非用功所需的条件，反而是用功之后的成效。我敬佩数学家的记忆力，甚至羡慕；但那是因为我根本没有像他那样从头到尾全套苦练。这是为什么呢？因为我以前总想立刻把事情弄明白，而我的头脑其实一团模糊，不肯往前，结果撞上某种可笑的谬误，不知如何释怀。每个人都急着怪罪自己。自命不凡最先遭到惩罚，于是会出现那种无法驯服的胆怯，事情还未发生就障碍重重，故意跌倒，拒绝救援。应该要懂得一开始先犯错，然后一笑置之。就凭这一点，人们会说拒绝科学的人已经够轻浮的了。没错，但"轻浮"这个态度可严肃得不得了，好比发下重誓，绝不献身任何事物一般。

我得到这样的结论：小学生的作业是性格的考验，与聪明全然无关。无论拼字、翻译练习还是算术，重点皆在于克服情绪，在于学习产生意愿。

25

> 优美的文学对所有人都有益，而且对愈粗俗、愈笨拙、愈冷漠、愈凶暴的人来说，想必愈有需要。

阅　读

奥古斯特·孔德（Auguste Comte）[1]最初受的是科学教育，也就是说，他很早就明白自然万物之间如何联结，如何一起变化，无论是在数量或运动方面，还是在特质方面。他充分具备这些知识，聪明绝顶，大概是人们见过的最优秀的头脑之一，能够强大地运作思考，但他的一生穷困潦倒。这是因为他对于外部事物的看法极为精准，但置身人性范畴这个我们强烈情感的主要来源之中时，却宛如一个孩子。因此，他

---

[1] 奥古斯特·孔德（Auguste Comte，1798—1857），法国著名哲学家，社会学、实证主义创始者。

上了情感与想象的当，顺从他宽大的心胸冲动，呈现出真实野蛮的自己。这是许多人皆有过的经历。但这副绝顶聪明的头脑至少懂得反省自身的不幸，成熟后发现年轻时期的不足，所以在他四十岁左右时，跟上了诗人、艺术家，简言之，各种人类表现的脚步，最后止于原本应该是出发点的议题上，用最广义的方式来说就是礼貌，亦即教育。

我们从人群组织中诞生，并在这逐渐松散，但仍然坚固、不可能断裂的人群组织中长大。我们没有选择。孩子很可怜，怀抱着疯狂的希望，以及他以为巨大的小小忧伤，当务之急是让自己呼吸到新鲜空气，将我们周围的人们撤到视线所及范围即可。要做到这一点，首先，且一直必须仰赖的是对表现符号的认知。但就算保姆特别留心这件事，也无法带我们走多远。应该读读其他东西，别只接触保姆的面孔和她们无知的话语。掌握字母算是芝麻小事，但文法却没有止境；文法之外延伸出共同习用语，再往上还有美丽又强而有力的辞藻，宛如我们情感与思想的规则和模范。必须阅读，一读再读。人类的秩序表现在规则里，守规矩是一种礼貌，就连遵守拼字规则也一样。没有比这更好的纪律了。人这头野蛮动物生来野蛮，不知不觉中，由于遵守规则变得文明而像个人，一切只因为阅读的乐趣。极限在哪儿？现代语言和古代语言皆以千万种方式为我们提供阅读乐趣，所以，是否必须阅读全体人类，或者像人家说的，阅读所有种类的人？

极限在哪里，我完全看不到。我不了解任何人，无论他天生多么迟钝粗鲁，即使被分配到最简单的工作；我一点也不了解什么人首先需要存在于他周遭和沉淀在经典书籍中的人性。必须多方尝试，利用孩童猴子般的模仿力，这时的他轻轻松松就能学会口气与态度。从孩童幼年初期开始，就应该尽可能往前推进。根据优雅与否及驾轻就熟的程度，来决定某人适合文化而排除另一个人，实在是不公平且不谨慎的做法。优美的文学对所有人都有益，而且对愈粗俗、愈笨拙、愈冷漠、愈凶暴的人来说，想必愈有需要。那么对孩童该怎么做呢？该让这些小朋友随手取得物理和化学知识吗？优美的物理学，优美的化学！在此，这位孔德再次提醒我们回归秩序，且强调这个词最重要的意义，警告我们：若没有准备好数学、机械，甚至天文学的基础，全然无法进入物理学的世界。而在十二岁以前，孩子尚在学习认字并学习阅读，不该贸然尝试那些事物，应让他接受诗人、演说家、说书人的熏陶。如果不去想着一次做完所有事，时间就不会不够。小学里上演着这出荒谬的戏：一个人负责教好几门课。我痛恨这些小索邦大学（Sorbonne Université）[1]。只要一扇敞开的窗，我就能用耳朵来评判。若老师闭嘴，孩童朗诵，则一切进行顺利。

---

[1] 位于法国巴黎。

26

> 几何学家的注意力根本不放在圆形会回应出什么，而在于他所对话的那副头脑可能如何作答。

两种学习

我们可以通过事物来学习，也可以用头脑来学习。第一条途径是技术之路，由成功与否来决定是对是错。学打铁时我捉摸探索铁和锤子的特性，没有人要我把想法做个总结，而人们从作品去认识工人。成熟期的无所不知亦如是。到了那个年纪，人们吝于思考，就连律师或诉讼代理人也一样，他们的职业内容就是理由分析与设法说服，但其中也有例行公事，就像法官也有例行公事一样。最好的顶多是有变化的例行公事。由此可见，有些能干的人其实脑袋空空。

小学也投入这项潮流，为了正确拼写，配合词性变化，测量，数算，寻求一套例行的做法。大家不难发现，优异的小学生算术很好，于是人们嘲笑懂得加法理论但算术表现不好的中学生，然而，例行性的加减乘除通过事物即可学会，由事物来决定正确与否。由此可见，有清楚的数字观念非常重要，所有会计都会这么告诉你。另一名小学生以游戏的心态思考，经常容易出错，因为没有任何事物比思想更不稳定，更难以捉摸，更乱人耳目。原始的文明揭示了这样的对比，让人看见各行各业惊人地追求尽善尽美，而所谓完美则接轨各种以理性分析为基础的奇妙舆论。令人惊讶，且应该要集中注意力仔细多观察几次的，在于科学的进步其实来自荒谬古怪的理论，而非职业活动。

所以，通过头脑来学习意味着什么？答案是形成社群。遵循欧几里得的灵巧敏锐培养出的几何学家，永远忙着与一名想象出来的对谈者达成共识，其方法是提出一项没有争议的定义，然后运用理性分析征服对方，一面回应所有可能出现的反驳，于是归结出这门恰如其分地被称为四海皆通的学识，也就是说，能为所有头脑普遍共有。事物想说明什么都无妨。几何学家的注意力根本不放在圆形会回应出什么，而在于他所对话的那副头脑可能如何作答。这是用论证来思考的方式，再也没有什么能惊动没文化的头脑，除非是为正确演证而做的努力，况且要证明的事在实际应用之后必须不留一丝疑惑。这种需要时间慢慢练成的思想适合中学教育。到了高等教育，技术专家再次出现，只要成功就心满意足，甚至发展成学说。比方说，只要能提出几则简单的假设，用它们赢得所有你想说服的人之脑力运作，即可证明地心引力的法则。但是技术专家，我认为甚至包含高等的数学家，他们的例行公事几乎一丝不苟，宁可说这样的演证浪费时间，只要知道理论可应用在实务上并换来成功，这样就够了。无论哪一行都会走到这一步，天文学家也一样。一般而言，成功等于放诸四海皆准；请将成功的人理解为阐明事理的人。然而从未体会好好思考之乐趣与奢华的头脑则暗淡无光，在只需用人类角度思考的时候，毫无资源。因此有这样一个让理性歇息的场所，恰如其分地介于普通职业与特殊职业之间，对所有人都好。我甚至认为，头脑缓慢迟钝的人，更加需要它。教育改革家们，请从这个角度看事情。

27

从令人感兴趣的事物上永远学不到东西。

自己思考

所有人都对自然现象感兴趣，这当然不在话下；更甚的是，人类拿出绝佳的注意力去仿效大自然的机制。孩子们也一样。我了解人们想看见孩子手上永远有个东西可以拆解又重组，想让他们尝试、探索，最终明白其中原理，如同我们明白时钟的机械运作一样。只是，我确定，冀望这些方式能启发智力，绝对是自欺欺人。从令人感兴趣的事物上永远学不到东西。人天生灵巧，善于观察，有创造力。对于一名猎人，你所教他的一切他都知道得比你清楚。而鼓励野蛮人循规蹈矩的风气也行之有年。这算是求知吗？难道没有其他知识可求了吗？问题的症结即在于此。

我再次写这些，是为了回应一项教育调查。所以，必须简短。我冲撞，唱反调，讨人厌。大闹一场。但教育家皮坚肉厚，坚持上他的常识课和教学经验。然而人类的历史已有不少证明：有人可以是优异的弓箭手，却一点也不懂世间常理。这些事情的秘密握在柏拉图和笛卡儿的手上。柏拉图想在他学校的门楣上刻写："不懂几何者不得入内"；而笛卡儿首先假设他的听众已了解至少一项定理。教育家应该要知道他说的是哪一项。

在所有自然现象和所有机制中，总有一个困难之处令人生厌，必须令人厌烦。举例来说，关于一座时钟，我们该懂的是钟摆的运动规律。要明了这一点，不能不懂自由落体；而要明了自由落体，不能不懂几何学。关于潮汐，该懂的是太阳与月亮之相对位置所产生的万有引力。然后，比方说，应该要知道上次复活节的潮汐为何比别的时候强，并能联系到月食现象的影响。很好。想象力大致为我们呈现出两颗星球朝同一个方向拉引的画面，就好像有两个人一起拉一条绳子。对。但如果要问，日食的时候，两颗星球在同一边，而月食的时候是在相对的两侧，却为什么会产生相同的潮汐效果，困扰就来了。更大的困扰是，如果有人问，为什么地球相对的两侧会在同一时间发生大潮。这就是一个人们不解却轻率放过的问题点。常识的意思是，我们知道在日月食时皆会出现大潮，至于为了了解这个现象该做的努力，以及努力所需的漫长回路，总被置之不理，往后拖延，那么我们比渔夫多知道了什么？况且，关于潮汐的推迟、长浪效应和各种涡流，我们知道得比他还少。所有这些大家认识不清的行业究竟是怎么一回事？关掉学校，把孩子送去狩猎或打鱼，找个经验老到的行家来管教他。

或者，在那座快乐地隔绝世界的学校里，让我们绕道走那困难的迂回远路。让我们走向那些实际的难题，而它们的演算逻辑却提供了最简单的范例。这么做很枯燥，我承认；也很抽象，你说得没错。孩子只有在捕捉到一线光亮时才会感兴趣，但那道光，我们无法直接照进他的眼睛；因为发出那道光的是孩子本身，通过他对自己思考的专注，通过一份对自己提出的假设的坚持，总之，通过一种完全创想出来的、自然事物从未教过我们的严谨精准。这些严格的定理本身并不有趣，因为它们本身并没有存在意义，必须用来实践，演证辩护。但是，到了那时，他们所展现出的这道光将比黎明的曙光还美，那是智慧的曙光。那一刻，小人儿获得新生，自知有才，并掌握了笛卡儿所说的那项神奇工具。孩子的才智得到启发的同时，他也确实唤醒了大人的某种意识，即那可畏的平等。苏格拉底在探索圆形时，找来一名穿着大衣的小奴隶当几何学学徒。出色耀眼的亚西比得（Alcibiades）[1]无话可说，但想必他整天都在咀嚼这些人们不说的思想。教育家也许本领高强，也许曾对自己许下承诺，只把平等的秘密教给以后能当老师的人。

---

[1] 亚西比得（Alcibiades，前450—前404），古希腊雅典政治家，出身贵族。

28

> 我们始终通过成长与养分来保持印记，像一株野牵牛，只消一个晚上就能缠绕一根竿杖，维持姿态，因为它长得很快。

记 忆

　　回忆从伤痕开始。并非因为组织被破坏或事件的痕迹，抑或刺如荆棘、利如刀锋，才会被留存；所有东西死了之后都将变回没有记忆的元素，如碳、氧、氢，但是组织在自我修复后会留下织补痕迹，像床单或网纹布那样。因此，不仅我的目光能找回见证，结疤的部分也无法完全再如以前那样运作，就连触摸起来的感觉也不一样。标记刻印在知识中，甚至深入著作。

　　从这种角度来看，的确，所有有生命的部分或多或少有可塑性。打铁匠的肌肉，每出一次力宛如受一次伤，却为受伤的部位带来一种新增的材质，制造一种更紧密的组织，于是修复；而通过这些在肌肤下滚动的肌肉，外表上的效果立即显现。不过，更显著的是铁匠的一举一动都因此有了变化，正如他对于作品的回忆亦烙印在后来的作品中，每一下锤打皆会改变即将呈现的成品，与铁锤本身和铁砧的变形完全不同，与因长期使用而磨亮的铁锤握柄也完全不同。

要仔细注意的部分在于重建后的记忆从此固定，所以需要时间和资源，以及规律的活化动力。外观上，在最细微的部分，事物的运作也一样，因声音、颜色、气味的微弱冲击而有所变化。

这些观察有助于了解蒙田在他的散文集中所提到的那场意外。他说，他被一名手下冲撞，从马上摔了下来，因撞击力道太大而失去了感觉能力，后来永远无法记起冲撞前的状况，即使当时他并未昏迷。另外有个人也跟我讲过同样的事情：他撞上一辆车，当场晕了过去，结果从来想不起任何发生在撞击以前的事。在此，应该注意：为了抚慰脑中的想象，所以在撞击前一刻的恐惧完全没有时间成形或变成某样东西。发生这类失忆的原因，我先前已解释了一部分。记忆需要时间去熟成，而因为突如其来的重大扰乱，它熟成的方式不同，最终变形，仿佛迷失在有机变革的轨迹里。细节不易记住。不过，我们始终通过成长与养分来保持印记，像一株野牵牛，只消一个晚上就能缠绕一根竿杖，维持姿态，因为它长得很快。同样的，孩子依循文法及万事万物成才，这是老人再也做不到的。

29

> 从未当过学徒的人永远是个大孩子,但太早当学徒又几乎没当过学生的孩子则终身是一具机器,还会鄙视只是业余者的泰勒斯。

学校与工坊

学徒制度反对教学。原因在于阳刚的工作最怕激发创造。创造自欺欺人,浪费材料,虚晃一招。学徒受迫于这条严苛的法则,学到的反而是永远不该尝试超越他所知的事,而始终去做一些低于他能力的事。学徒总有一点害羞,到了工人身上则化为谨慎,这些全都写在脸上。"我不懂这个,这不是我的专长。"伙计会这样推辞。学者的说法比较谦虚:"我们再看看。"无论如何,可以猜到空闲的学者极少烦恼试验的代价可能有多大。正因如此,发明家经常破产,其中著名的帕里希（Palissy）[1]堪称象征性人物。大家明白，这种大胆豪放的想法不可能为工作坊所接受，因为它对木板和凿子都造成威胁，还不包括浪费掉的时间。这也就表示，学徒主要学到的是不必动脑思考。

技术的重要在此浮现。那是一种不靠言语的想法，靠的是双手和工具。我几乎想说，那是一种害怕思考的想法。在工人的动作中，掌握这份谨慎值得嘉奖，亦包藏了某种奴役他人的可怕应许。我将神秘的古埃及人视为技术精良的民族。而这种懂得怎么做，却不肯去了解其原因的想法让人几乎摸不着头绪。不过，有几项颇为明显的原因引导我们来到门口，却也没办法再深入了。请注意：手法是由工具来调整的，对于真正的，甚至可说，对于扎实的传统，你已有看法。凡工具现身之处，就建立起一套以目的为主的规则，以及一种屈服甚至惧怕的思想，因为笨拙的人会为工具所伤。但老板更可怕，因为他代表不讲弹性的需求。老板才没有兴致去欣赏一样把珍贵材料变成碎片残骸的巧妙试验品。孩子的心智容

---

[1] 伯纳德·帕里希（Bernard Palissy，1510—1590），法国陶艺家、科学家，制作的陶器以鲜艳的色彩和花鸟虫鱼的装饰而闻名。他为了将《圣经》中的自然题材制成陶器的图案，深入研究自然科学，如今被视为水土保持及农艺学的先驱，在当时却饱尝嘲讽。

易受骗、破坏、挫败，在这方面算是敌人。这就是为什么一个赚钱养活自己的少年学到的都是不好的经验，他太早采取谨慎的态度，学会不再放胆冒险。想象一名小书记在印花公文纸上算错加法的状况——那是学徒级的错，而非学生级的错，因此，书记长的愤怒也丝毫不是学校老师的生气可比的。学校老师要同学去探寻，找出他所谓的聪明之处。他不在乎纸张浪费，倒是想让小笨蛋去面对自己的愚笨，认清可笑之处。这样的意识觉醒有锻炼强化的作用。技术人员却不一样，他指控这种探究行为，嘲笑那些自信满满的人。基于这样的行规蹈矩，头脑直接向工具投降。请注意刻画在埃及人像脸上的那份笃定。在他们那些充分表现出形体的鹰像雕刻上，我也看出某种类似的表情。话语悠游于这些外表，宛如盔甲。

有两种方法能让人安心有把握：学校那一种，信任自己；另外一种则来自工作坊，教人永远不要相信自己。这从逐步加法中即可看出：理解力在此出错，却能从改正的错误中得到力量，不像算术那样匆促盲目，所以管账的不管数量。反过来看，我们大可想象一位学问高深的数学家在一道简单的程序上犯下可笑的错。泰勒斯停下脚步思考，但鞭子总高举起来。这即是学习的好处，就时机和地点来说都好。从未当过学徒的人永远是个大孩子，但太早当学徒又几乎没当过学生的孩子则终身是一具机器，还会鄙视只是业余者的泰勒斯。

思想中有游戏成分。但如果希望学校只是一场游戏，那就又错了。学校受到两股力量拉扯，一边是游戏，一边是学习；但它其实位于两者之间。学校以认真的态度参与课业，然而另一方面又脱离严厉的工作法则。在这里可以犯错，可以重来，加法算错也不会毁掉任何人。如果有个呆瓜会嘲笑自己犯下的严重大错，那可不是件无关紧要的小事。通过嘲笑的举动，他评价了自己。请注意，我们始终只从已知的错误分析思考，同时也只在学校分析思考，因为在那里，除了我们自己以外，没有人会纠正我们。他们放手让我们往前，研究探寻，在泥沼中啪踏迈步。"混蛋，现在你要怎么办？！"这是工作坊里用的字眼。"让我看看你们做了什么？"这是学校里说的话。而当自满的学生发现错误，他所感到的是一种没什么好怕的羞耻，也就是说，别人的看法在此无关痛痒。而这样别具一格的谨慎所仰赖的正是思想。

30

> 理性的人，如那些乡村哲学家所说的，在犯错的时候仍然理性不减，因为他的概念虽不完美，但思想正确，且保存了条理性与连贯性。

从已知到未知

没有任何概念可匹敌事物的天性。在这个讨论上，我们大可平心静气，无动于衷地听听一个热情十足的人通过各种新经验来揭示：就算是最有学识的人也远远无法对万事万物提出解释。人类把自己的概念打造成武器，而概念的故事道理其实和工具的故事道理颇为相似。一如铁锹是一种用来挖地的工具，几何学里的直线和三角形也是用来定义形状的工具。而自古以来，我们就知道，我们没有任何方式能绝对客观地描述真实的形状，但我们可以去趋近它，就好比土地丈量员也无法量出每座土丘的周长一样。如同有了最初的工具就能制造出其他的工具一般，这一次却不是借由打铁铺和铁砧，而是靠画出来的形状和正确的论述。所有曲线都是直线的产物，没有任何曲线等同于任何物体。被称为悬链线的曲线本身，其概念已经够难成型；然而，一条两端被悬吊起来的小链子可是比几何上的悬链线组合更复杂的东西。

古人假设星体描述圆形，形容得还不错。我认为他们走在通往真相的正轨上，因为他们从最简单的原点出发。至于我们这些人，从一种工具到另一种，从一则论述到另一则。我们宣称星体描述蚀象，但这尚未成真；我们在真相里，说得更明白点，在思想之正确进展之中，但不等于已达到目标之地。我们知道行星之间因为互相作用而会稍微偏离几何学所画出的轨迹。更厉害的是，没有任何行星的轨道弧线是封闭的，因为太阳会将所有星体往武仙座牵引，这座星团位于名为织女星的蓝色星球附近，晴朗夜空中的星。

从已知到未知，这是我们的命运；也因为如此，在从简单与抽象朝个体与具体之发展，我们永远汲取不完。如同鸭子踏水瞬间成一世界，达尔文无法全部掌握，但达尔文，他拥有各式各样的概念，掌握得应该比我好。而达尔文的概念则是他的前辈们的理智产物，就连他想缩减甚或打破的分类学，亦是先根据原有的分类来思考，就像古代的星象学家用水晶球来思考一样。从来不曾遵循这条路的人什么也不懂。没有任何真实的状态是绝对民主的,但是,一如土地量测员,我寻找着政府到底与何种形状相似,又是哪里不一样。然而没耐性的人弃绝一切概念,赤裸裸地沉浸在事物的本质中,回来时却比当水手时的格劳克斯(Glaucus)[1]沾染更多泥沙和贝壳。从这个角度来看,我们所有人都算被灌注了科学知识,因为每一分每一秒都为每个人带来一种非凡的经验,近似人类的世界,大地与天空。当阿基米德在街上狂奔,一面喊道:"我发现了!"关于浮体,他只得到一个非常不完美的概念。没错,但这概念是几何学和动力学的产物,因其深奥的清晰性和清楚特质而充满未来。我们那些善变的先知则不一样,他们比较像斯多葛学派所描述的那个,在大白天高喊"现

---

[1] 根据古罗马诗人奥维德《变形记》(*Métamorphoses*)的记载,格劳克斯是古希腊神话中的一名海神,他原是一名寻常渔夫,无意间发现了能让鱼起死回生的药草,吞食后格劳克斯变成鱼尾人身。

在是白天"的那个疯子[1]，但阿基米德疯狂的程度也不遑多让。理性的人，如那些乡村哲学家所说的，在犯错的时候仍然理性不减，因为他的概念虽不完美，但思想正确，且保存了条理顺序与连贯性。想了解天体物理，与其从一份早报中找讯息，阅读笛卡儿能让我得到更多收获。

---

[1] 此处其实是斯多葛派的一个逻辑举例，来自怀疑论者塞克斯都·恩披里柯（Sextus Empiricus）和第欧根尼·拉尔修（Diogène Laërce）。如果有人说"现在是白天"，而现在果然是白天，这则陈述为真。反之则为假。但若这句话出自一个疯子之口，则即使是真的也不成立。阿兰在1891年写了一篇《斯多葛派的认识论》(*La théorie de la connaissance des Stoïciens*)，对这个典故有更详尽的评论。

31

> 所有真实的知识，无论本质为何，皆是经验。

共 生

所有知识皆来自经验，这是每个人都接受、视之为我们这个时代的教条。我一点也不反对。尽管如此，我想稍微改变这类中心思想的主轴，让它朝更接近人性的方向运作。我比较喜欢这么说：所有真实的知识，无论本质为何，皆是经验。而我所谓的经验指的是对一项实物的感受，亲眼所见，若可能的话，也对其他感官展现。所以，代数学家的思想是他那些方程式给他的经验，经由视觉开发，触觉再将术语转换成文字。我之所以举这个例子，是因为它一定会令人吃惊。请试着了解：就算是最严谨的思想家，在此也无从施展，只能停下或迷惘，不知自己是否在这种稳定的目标物上实现了自己的构想，然后对它展开观察监控。注意到这一点后，经验可以延伸很远，而方法是考量我们的行动。行动创造出各种目标物，如圆形、抛物线、对数，而它们给我们的考验可不比金星的运转移动来得少。于是，抽象概念被纳入经验之中。

现在，请看另一个值得注意的事项。孩子不会选择自己的目标物。人们可能以为，如果孩子最初的知识能得自简单、稳定且诚实不欺的事物，例如户外大自然中的许多东西，那可是一项极大的优势；然而事实并非如此。孩子经历的第一件事是共生（symbiose），又称生命共同体：与组合非常复杂，具备基本需求、欲望、情绪、热血、想法的有机体共生。从那时起，他来到世上。虽然尚未直接来到这个世界，但他的父亲、保姆、兄弟、家里养的狗和其他变幻莫测的事物已先行形成他的小宇宙。他在此学到祈祷与威胁两种神奇的手法，先把希望寄托其上。这两种态度界定出他最初的观念，因此，无论是否愿意，那些观念皆带有迷信色彩，同时也具宗教性质。在自然界中，没有物体能被仅仅一个信号驱动运作，但做母亲的会被一个笑容软化，保姆都会顺从愈喊愈烈的哭声。于是比起其他任何经验，孩子最先学到的是管理。在质疑严格的工作法则以前，他已学到情感的力量，最早的时候，他的想法像个国王。我们知道外在经验的位置已被占据，特别需要改正振作。珍贵的错误即是在为每个苦涩的真相挖掘空位。

还令人惊讶的是，第一项工作必然与讯号相关。孩子首先学习语言，并且，正如亚里士多德观察到的，他自然而然地试着将自己最早说出的几个字的意思尽可能延伸到最远。"爸爸"这个词指的是他的父亲以及他看见的所有男性，包括他父亲的画像和其他男人的画像，他父亲的手杖和其他手杖。在诺曼底，"Lolo"指的是牛奶。而在布列塔尼亚，"Lélé"指的是水。梧桐叶丛在露台上舞动光影，一个孩子拿了一片叶子来给我，嘴里说着："太阳，太阳。"这些简单易懂的发现遮掩了一个困难的概念，至少，藏得很好，那就是：此处，又一次，错误走在了前面。相同先被认知，后来才学到差异。语言立即把小人儿领进某种极致的抽象，在经验和外部指令的推迫之下，他必须降低迟缓的教师们的地位。从此，他知道我们所有的观念构想，毫无例外，应该皆具有人性面与初步抽象两种特质。所以，我们最早的概念进入变形状态，同时，在从抽象到具体的过程使全副头脑进步。这种说法可打翻了洛克的大锅，也打翻了你的，亲爱的心理学家；还有你的，亲爱的教育学家。

32

> 最主要的错误约莫是人们想在尚未尝试之前，就先了解玩桥牌或根据规则运球的乐趣，然而任何乐趣都没有什么好了解的。

难题与错误

骑马、跳舞、牌戏，这些事带来乐趣，但你得会做才行，而且必须学习，暗自发誓也要取得别人如此享受的乐趣，除非那些乐趣是现成的，但承认吧，根本没有这种东西。产生厌烦主要的原因就在于我们致力追求某项人人称颂的乐趣，却不愿投入自己的心力。在这方面，所有游戏都能给我们上一课，因为游戏时必须全力以赴，从某种角度来看，还必须心悦诚服，一开始就相信一定会玩得尽兴。倘若相反的，像司汤达所说的，在希望期待之时已开始生厌，游戏发展将会证实计划真的美好。

此处最主要的错误约莫是人们想在尚未尝试之前，就先了解玩桥牌或根据规则运球的乐趣，然而任何乐趣都没有什么好了解的。赢得比赛的理由，比方说，听来十分薄弱，而同时还应补上害怕输掉的心理。无论何种情况，产生乐趣的原因或许是行动与外界环境达到某种和谐，如同恰到好处的调整。生命机能即是时时刻刻在适应、战胜新的难题，而难题虽新，但我们已有足够的认知，能带着自信去应对，并觉得定能克服。这样去看事情，我们发现，害羞反而是一种笨拙的感受：我们感觉得到它在酝酿，眼看着它扑来，面对它却动弹不得。在马背上肢体僵硬的人感到自己让马匹惊慌时，已跌落下来。在这方面，应该注意的还有人类有一个可怕的"伟大"之处，就是他可以甘心认命，甚至找到某种安慰，预言自己的不幸。

我顺着这拐弯抹角迂回绕路，一面寻找正确答案，以回答人家以前问我的一个触及培养才智的问题。有些人一点也不喜欢数学，就是学不会；另一些人则宛如受到诅咒，丝毫不能品味音乐。他们是缺乏才能天赋，抑或是起步时不幸失足，如同有些胆小的马在栅栏前退缩避开？以上所有的状况，我相信都是想象力闹别扭作祟，因为在面对孩子时，在看出这肌肉健壮的小人儿亦拥有马匹的野性，且外加骄气时，天赋才华又能告诉我们什么？必须特别留心注意孩子与大人各自的心意。如果他看开一切，总是败阵，他将永远是输家。是的，正如不在乎保留战力终能战胜最糟的惨况一样，他将战胜最美好的乐趣。他将大步迈向难题，有如走向刑场赴死一般，但早已笃定自己不会跨过去，一定会在千钧一发那一刻逃开。每个人都经历过这种感觉：接下来要说的话是句蠢话，但仿佛心有不甘似的，还是任自己脱口而出，甚至扬扬得意。因为人总是躲在天不怕地不怕的态度后面，而且他总是需要无视某项威胁。

在这种关系下，孩子比大人还要大人。他急着去判决自己，奔向自己的不幸。"我永远也不会懂了"，这话不久就说出口，而且经常比人们所以为的更难以收回。所有教导的艺术都在于永远不要将孩子逼到如此顽固的地步。该说什么呢？请先估算障碍，要设定在他能克服的程度，并且不要一开始就强调所有错误。或许应该赞扬好的部分，忽略其他的部分，什么都不要说。马戏团里的体操杂耍员懂得怎么摔，那也是一种练习，而且他们技术过人。于是他们将试演上百次，每次都一样欢乐，一样柔软，到第一百次都一样。犯错这件事也该用同样的好心情来学习。人们不喜欢思考，因为他们害怕犯错。所谓思考，即是错上加错。没有任何事绝对是真的。

同样的，没有哪首歌绝对唱得准。数学之所以成为一项可怕的试炼，是因为它对错误毫不留情。泰勒斯、毕达哥拉斯、阿基米德皆丝毫未曾讲述他们的错误，我们根本不晓得他们有过哪些不对的推理，真是可惜。

33

一旦为了教导而去求知,必然学不好。

知识的源头

一旦为了教导而去求知,必然学不好。若有人回头综观路易十四的时代,却只是为了在一两个钟头中恰当且有条不紊地谈论那个时期,那么他一点也没学到历史,而且我会说他忽视了历史。而若他阅读莫特维尔(Motteville)[1]、圣西蒙(Saint-Simon)[2]或沃邦(Vauban)[3]的著作,即可学到。同样的,

---

[1] 弗朗索瓦·莫特维尔(Françoise Motteville,1621—1689),法国女文人,与路易十四的母亲私交甚笃,写下不少宫廷传记。

[2] 圣西蒙原名路易·德·鲁弗鲁瓦(Louis de Rouvroy,1675—1755),法国传记学家,见证路易十四王朝及摄政期之结束。

[3] 塞巴斯蒂安·勒·普雷斯特尔·德·沃邦(Sébastien Le Prestre de Vauban,1633—1707),法国元帅,著名的军事工程师,其防御工事体系分布在法国十二个地方,且于2008年被纳入世界遗产。

追本溯源地去钻研流体静力学，只为了给孩子讲解玻璃唧筒，这个人不但没学到什么，反而愈忘愈多；要学的话，他应该去读丁达尔（Tyndall）[1]、赫胥黎（Huxley）[2]、莱尔（Lyell）[3]、麦克斯韦（Maxwell）[4]或马赫（Mach）[5]。请根据这一点来想象阶段性教学之可笑：基础师范学院的老师位居最高级，由他来教导中级生，也就是实习教师，去为七岁小孩上讲座课程。在这美好的体系中，所有人都回到七岁，用的几乎都是保姆的说话方式。于是教育的傲慢面具被揭穿了。

我希望一个教师尽可能博学，但学到的要是源头的知识。高等教育的教学从源头做起。因此，愿未来的教师往这个方向迈进，愿他根据兴趣去取得四张自己喜欢的证书，两张文

---

[1] 约翰·丁达尔（John Tyndall，1820—1893），英国科学家，发现光的散射效应。
[2] 托马斯·亨利·赫胥黎（Thomas Henry Huxley，1825—1895），英国生物学家，达尔文进化论的捍卫者。
[3] 查尔斯·莱尔（Charles Lyell，1797—1875），英国地质学家，"均变说"的重要论述者。
[4] 詹姆斯·克拉克·麦克斯韦（James Clerk Maxwell，1831—1879），苏格兰物理数学家。"麦克斯韦方程组"是电磁学中的重要理论。
[5] 恩斯特·马赫（Ernst Mach，1838—1916），奥地利实验物理学家及哲学家。研究课题主要包括光的传播规律和超音速现象，"马赫数"和"马赫带"因其得名。

学的，两张科学的。然而也愿他在此之后别将毕生所学注入一个还在学拼字的幼儿班。教师要有知识，目的并非教授他所知道的，而是厘清这个过程中的某些细节，随时能临场接招，因为各种机会，惊鸿一瞥的专注力，以及一个稚嫩小脑袋瓜里的花招鬼点子，全然是无法预测的。一般而言，在我的构想中，在小学课堂，教师一点也不需要工作，努力用功的是孩子。所以，绝对没有那些天上掉下来的课程，让孩子听讲时可以双手抱胸什么也不做；反倒是有一班孩子在阅读、写字、计算、画图、背书，抄写再抄写。重新恢复以往那套辅导老师系统，毕竟，对于最惨重的拼写错误或计算错误，要任课老师一个个盯着全部改正简直荒谬。黑板上，习题很多，但永远都在学生的小石板上反复演练，尤其放慢速度，再三重来，占去大段时间，老师却不会太疲累，对孩子也有好处。另外还要花很多时间整齐地抄写在漂亮的习作本上。抄写即是一种促进思考的活动。总之，类似某种工作坊。对一位在学徒面前作画的绘画大师，各位会有什么看法呢？同样的，工作少有变化，毕竟阅读与背诵是学习一切的机会。

备课，令人精疲力尽的自说自话，以及那些可笑的教育训话，把学生当鸭子填喂而非让他自行吸收，挣脱这些之后，老师监督的高度将获得提升。他不再疲累，保有自己的时间，将能不断精进，前提是一开始就从源头汲取知识。这么一来，他总算有资格在孩子才智突飞猛进的珍贵时期去指引，以三言两语点拨启发。而为了筹备如此幸福的时刻，仍旧要仰赖阅读、书写、背诵、画图、算术，如同在工地里工作，充满童稚的闹哄哄。老师用倾听和监督的方式比用讲的有效得多。"讲者"就由伟大的典籍来当，上哪儿去找更好的"内容"？

34

> 绝对没有一位演说家未经思考就侃侃而谈；永远没有一位听众凝听之时不动脑思考。

抄 写

我曾上过一位优秀人士的课，他一会儿边讲边摸索，让人无法集中注意力；一会儿讲得飞快，而且字字珠玑。他灵感泉涌时我很辛苦，因为我认为那些轻盈妙语贵如黄金，生怕漏掉一句。无论如何，我总能立刻跟上，仿佛听写般记下他的灵光神思。这么一来，我竟把讲座课程变成了照本宣科的听写。另外我也还记得一位老先生，抄袭让-弗朗索瓦·德·拉阿尔普（Jean-François de la Harpe）[1]的著作，也有可

---

[1] 让-弗朗索瓦·德·拉阿尔普（Jean-Frangois de la Harpe，1739—1803），法兰西学院院士，法国剧作家，但戏剧作品并不出名，主要著作反而是为中学授课编写的文学讲义。

能是自己的发想，评论尚称细腻，偶有亮眼之处。他朗读或背诵，语气和动作却像个即席发挥的人，只差在他经常误念字词，比方说，把让-雅克·卢梭（Jean-Jacques Rousseau）念成耶稣基督，结果让思绪变得无所适从。那算是照本宣科还是即席讲座呢？

家长们对什么都惊慌，而初中生对于必须经历的试炼则有恐怖的想象。对我而言，我一点也不觉得照本宣科不好，只要内容好就无妨；而一堂讲演课程，即使讲得很漂亮，如果学生只能从中取得片段讯息，我会觉得该受责难。不过，我最怕的是，像他们自己说的"灵活的课程"，十之八九都只是用词粗俗的鬼吼鬼叫，还好学生的脑子里什么都没留下，但时间也浪费掉了。说得不好的内容还不如干脆不要说。说得好的、难能可贵、值得留意深思的，不该只写一遍，而应该抄写二十遍。书写这件事既美妙且有益。有位经验老到的人常说："我所说的话应该在黑板上具体成型，并同时被记录在练习本上。这是思考的证据，别无其他。绝对没有一位演说家未经思考就侃侃而谈；永远没有一位听众凝听之时不动脑思考。时间会吞食自己的产物。这就是为什么一般会把这些历久不衰的金句称为'思想'。得到这些耐损的实物加持，思想走出阴影的国度。这就是为什么'写'这个动作全然不抵触思考活动，不像人家有时轻率胡说的那样。毕竟总要有一项活动能让我们根据心之所向的思想来操控身体，而我看不出哪种方式比写字更利于拉回我们总是漫无目的又薄弱的胡思乱想。但教学与所有实务一样，认真思考的人根本无须多加讨论。顾问，正如俗语所说，并非出钱的老板。"

"人们说话速度总是太快，"经验老到的人说，"对自己和对别人而言都太快。如果我拿起粉笔，把自己所讲的话写下来，都还嫌太快。而如果因为命运的安排，我年老了之后，还必须教授一堂那种无人开口讲解的课，我会想用凿子把伟人的思想刻在大理石板上，偶尔也刻几句我自己的想法；而每位听众也都有一面小板子，一把凿刀和槌子。通过这种方式，唯一的一位学生，那位老妇人，还有她的马车夫，才能学到点什么。任何一位钢琴家都会特别留意 do 或 fa 的音阶，而思想家却也许从来未曾留意他人的思想甚或自己的思想，这样的事情岂不令人讶异？神话说得好，如果想从海神普罗透斯（Proteus）[1]口中套出些什么，就必须先逮住他。但是谁能抓住大众课堂上的海神？也许，用几行维吉尔的诗句，一次

---

[1] 古希腊神话中的海神之一，有预言能力。他常变化外形，难以捉摸，只向逮得住他的人透露未来。

次抄写那么多遍,背诵那么多遍。我们的人道主义者拯救了思想,而他们缓慢的方法与我的大理石板、凿子和槌子,所差不远。"

35

啰唆的教育家终将使一门已经困难重重的行业变得举步维艰，而且更过分的是，他们根本就是门外汉。

教育督学

所有人都有听一系列课程的经验。有人想通过这种方法自学，而且不期望在别处找到如此呈现在眼前的观念，他展开一场壮举，把自己当成速记员，一个钟头奋笔疾书。他记下一切，不仅专心去仔细听明白，并用足以表达的符号转译。然后，他会把整段讲课整理清楚，颇费功夫。必须承认：这份重建的工作最需耗神判断。符号给我们时间，将我们拉回，因此想象并不会使我们迷失；思想，整体而论，看起来算是熟悉。这预设的思想与将它框定得更清楚的符号，在这两者之间，我们的思绪稳定发展，只需发想，不必创造。我再补充：即使是速记员的工作，通过这些规律简单的动作，身体亦能无拘无束，注意力一夫当关，脑力活动自由且准确。对于听了总是益处良多的讲座课程来说，这样就足够了。但在课堂上有两项必需条件：台上讲演时飞快动笔，课后整理成型。哪种学生适合讲座课程，一目了然。

基础教学刻意以讲座课程来进行，至少，未来的教师即以这种方式接受野心勃勃但对职场一窍不通的教育家培训。教师依其经验所养成的自我却完全是另一副模样，正如人们所料；不过他也无法全面轻视讲座课程，因为有一位人物代表着抽象的教育理念，那就是督学，而督学的任务不在于看孩子们是否学到东西，而是要看教师有没有好好工作。在这位教育家代表的眼中，如果教师占用一个钟头，要学生抄写常用字和简单的例句，而且不止一次，仿佛非如此不可，他会认为教师这份工作有点太容易。于是，呈现在不懂字义的孩子面前的，被换成了幼稚的历史道德课，以及更幼稚的常识课。

我们很清楚，要一个小学生写高水平的作文是不可能的。其实如果请他把一个刚听见的单句重新建构写出来，写作练习不见得不好。但是，就算只有三十个学生，一个句子就要花上半个小时。教育家会认为课程没有进度，不会善罢干休。再说，小学生还没有本事一口气写下记录。所以，他们每个人都双臂抱胸，眼睛盯着老师的脸，聚精会神，仿佛在他们面前的是一名杂技魔术师。这种神情其实会骗人；没有哪种人比照单全收、频频点头称是的听众更呆蠢。只是，教育家督学完全不把这一切看在眼里，他是一个前来确认教师是否好好备课的警察。监督这份职业让人愚蠢无知，此事毫无例外。我知道，许多督学无视天候马不停蹄，展现出一种令人赞叹的热忱，很好，但这么做丝毫没有启发作用。很遗憾，我必须这么说，伤这些耿直督察的心，但该说的还是要说。不得不说：在课堂上，若小毛头没读书也没写字，这堂课就等于浪费掉了。不得不说：这些啰唆的教育家终将使一个已经困难重重的行业变得举步维艰，而且更过分的是，他们根本就是门外汉。

36

端坐教室中的督学宛如剧院席上的观众，想听见一段事先编妥的独角戏，或者那种排练好的对话，由两三个孩子发言回应一定要回答的问题，顺序都已经预先排好。

反复练习

如果教育家没被其他猎物转移目标，很可能会出现这样的状况：教师学到很多，学生却什么都不会。在孩子的脑袋里刻印正确拼字和文法的方式只有一种，那就是不断重复，命令他们反复练习、订正，并命令他们自己改正。站在黑板前的孩子将发觉自己错在什么地方，在全班同学面前，拿起粉笔，重写动词变化。如果必须让他明白分词的一致性配合规则，光是写一个例子并小心留意拼字是否正确还不够，必须写十个例子，而全班同学也要写在自己的小黑板上，然后工整地抄在练习本上。这些练习吞噬大量时间，只改一个句子可能就要用掉一个钟头。钢琴老师从不觉得孩子花一个小时只学到这么一点，但教育家鄙视这种笨方法，不管为何所有工作坊都使用。有位女老师用二十个例子来改正了十个错误，一名督学却问她："你什么时候才开始上课？"

他所谓的上课是对着三十张抬头看她的小脸说话，以不适龄的用语讲解分词配合规则，努力集中精神，翻找记忆并扯开喉咙，演说家和讲师皆深知其苦。上课就是要耗损声带，引发偏头痛，惩罚自己为一小时的课准备两堂课的内容。我甚至可以说，每天早晨要上三堂课，下午两堂课，而这还是在所有指令——容我实话实说，都是些凶巴巴的指令——皆被严格遵守的状况下。然而我们也有不少好书，若孩子们不光是用听的，而是轮流朗读出来，那么每一堂课就都变成了阅读课。我们都知道，阅读是最难的，亦是一切文化教养的根本条件，无论我们把它想得多么卑微。但教育家监控着，他们要的课必须口若悬河，感人肺腑，生气蓬勃。

值得注意的是已有人做过实验。讲座课程后一个星期，听众几乎已不太记得内容，两个星期后，更是什么印象也没留下。孩子要通过背诵、朗读、抄写再抄写，才终于能抓到一点东西。每个人都这么说，但端坐教室中的督学宛如剧院席上的观众，想听见一段事先编妥的独角戏，或者那种排练好的对话，由两三个孩子发言回应一定要回答的问题，顺序都已经预先排好。然而"正确"的思维路线却倾向督学永远不听老师的意见，只调查孩子知道了些什么。如果我要评价的是一堂钢琴课，我想听学生弹奏，而不是老师。当学生已学到该知道的部分，我便会请老师告诉我他的教育方式。但是，光从这一点就看得出来，我生来就不是个重要人物。"优秀的人什么都没学过，却什么都知道。"

37

> 听一个话说得漂亮、思路清楚的人说，并不能让我们学会写作和思考。必须亲自尝试，做了又做，直到如俗话说的，熟能生巧。

一面背诵一面求变

讲座课根本浪费时间。做笔记一点用也没有。我早已注意到，在军队里，他们不仅用简单明了的风格说明步枪的构造，更鼓励每位士兵拆解并重组枪支，一面念出教官所用的词汇；没有反复操作反复念字二十次以上，不会懂得步枪是什么，只会记得听过一场精通步枪的人演讲。观看画技精湛的教授不会让我们学会作画；凝听演奏名家也不会让我们学会弹琴。同样的，我经常告诉自己，听一个话说得漂亮、思路清楚的人说，并不能让我们学会写作和思考。必须亲自尝试，做了又做，直到如俗话说的，熟能生巧。

这种工作坊里的耐性，我们的课堂上完全找不到，或许因为老师赞赏自己的口才，或许因为他的职场前途完全仰赖能独自演说很久这项才华，且多半也取决于以辨别精英为目标的教学，亦即挑出本身就会模仿和创造的精英，毕竟的确位置有限，不是人人都有。所以应该仿效军队教官那种直荞的坚持，要所有人懂得如何拆解和重组一把步枪，那不仅是要教会两三名教官专业本领，而是整个军队都该知道其中诀窍。所以，如果原则上就设定把思考、说话和书写当成人类的武器，取代用几个月的时间在他们面前拆解并组装所有已知的步枪系列，我的意思是，将所有说话与推演的方式都亲手拆成零件，直到他们知道如何先重组成一种"武器"，然后再多组装另一种。其中最灵巧的几位一项零件也不遗漏，因为在多次重复已会做的事情之后，他们对此早已熟练，而这类指尖上的技术，永远最难得。比方说，假设有个人想写戏剧剧本，我会告诉他："去当演员、提词人或拟摹写手；可能的话，请担任这一行里的每一项任务，同时请写出二十或三十部剧本；然后才能认清你是否有本事写一出剧。"

那么，从这个角度来看，一堂课究竟是什么？现在，在听众面前造三个句子，让他们听，不要他们匆匆抄写下来。接着，每个人都必须试着典雅地写出这三句话。顶尖灵巧的会做些许改动，自行发挥创意；天资稍差的会出现明显的错误，修改起来倒也不难。这每一份作业都要交给老师过目，并立即订正。这么做之后，他们将学会如何把一个句子放在另外两个句子中间，或用第四个句子来补足前三个句子，不排除变化和自创成分。其中最好的作品可被写在黑板上表扬，在台上做最后一次修饰整理。然后，再次地，一切都被擦掉后，必须重新开始，背诵，一面背书一面求变，寻找例子，更换例子。做起来感觉很漫长，但一份什么都没留下的作业又有什么用呢？

这样的教学法有个很大的麻烦，那就是实行起来颇为不易，但这一点从表面上看不出来。老师不能带上一大箱改好的作业另加上二十页备课教案，不能像个真正的工人那样，疲惫不堪地来到教室。他必须即兴演出，若遇到不懂的字，就要请人翻开字典。这一个小时会过得很快，督学会觉得马上就能把钟点费赚到手，更加器重那高空之中将在悬崖深渊上拉起绳索的思想家，而年幼的观众们则赞叹他的身手不凡。

38

从缓慢到敏捷的训练其实是自欺欺人，取而代之的做法应该是维持速度，但从简单到复杂进行练习。

朗　读

　　流畅朗读的问题既值得敬佩又困难重重。在问题尚未完全解决之前，请勿区分会读和根本不会读的人。结结巴巴地朗读一点用也没有。只要脑力被形成字句这件事占据，就抓不住文章的想法。在那些发亮的告示板上，句子仿佛一条爬出洞穴的蛇，随即迅速爬入另一个洞穴，是绝佳的新式课程。大家都说，现在我们生活在速度的时代，被机器运作的步调带着跑。别太夸张了——星期日闲逛的步履依旧，漫游者、钓鱼人、为一幅画或一件古家具停下脚步的爱好者，从未少过。不过我们得到了这样的好处：不值得逗留的事物可快点做完。拼出一面布告上的字，这么做真荒谬可笑；应该要一眼捕捉其义，而一份报纸中篇幅最大的部分也应尽速读到重点。标题，几个重要的字，已十分足够。总之，必须像音乐行家解读音乐那样，懂得如何阅读印刷文字。

我们仍停留在自己读给自己听的时期。那时，我们一面阅读一面倾听自己的声音。但我们内在的这位演说家对着自己开口，只为告诉自己：城市位于五十公里之外，或者法国同胞要上演《安德洛玛刻》(Andromaque)[1]；那么，他并非这个时代的演说家。他根本不懂阅读；即使能高声读报给别人听，我也不确定他是否懂得自己念了什么，毕竟为了把声音对应到文字已经够费神了。阅读这项艺术应去除这个演说的部分，在读字时想象字音对我毫无益处，根本浪费时间。人类总如此快速地沦陷积习状态，我不禁自问，通过高声朗读的练习，小学生所学到的难道不是迟缓阅读？再说，凡是仰赖机制的脑部运作，从一开始就该以快速为优先，因为缓慢会让我们滞留在幼稚无聊的小事上，通常是一种积习，某种癖瘾。在我们的教学中，心算是一门新鲜且耀眼的项目。在这堂课上，

---

[1] 法国剧作家让·拉辛（Jean Racine）于1667年的创作，是一出五幕诗体剧，取材于古希腊的同名悲剧，描述特洛伊英雄赫克托耳（Hector）的妻子安德洛玛刻对丈夫忠贞不渝的爱情。

老师，甚至学生也一起，不断创想出各种加快速度的新方法，同时又要不犯错。这类练习对头脑十分有益，它不屑机械化的运作模式，站在一定的高度去管理大脑机能，挣开束缚，一如训练学习走路、跑步、攀爬、游泳、射中兔子。

但是阅读这件事，丝毫不求竞速，仍有其稳重庄严。如另一种说法所言：以元老的步调阅读。人们常说：学习应该慢慢来，那才是最快的捷径。但这种说法并未说服我。我反而发现动作快做起事来通常比较简单。这是为什么呢？因为，这么做可以摆脱那些使人笨手笨脚的胡思乱想和一时的白日梦。注意力一旦被拖延，就会被转移。在这方面，多亏战时的偶然，我有经验。我曾用声音，教授完全不识字的信号兵部队摩斯电码。摸索了一阵子之后，我确定快速的练习能刺激注意力。这与心算的状况雷同，速度永远不该脱离准确度。那么，该怎么做？只需要好好选择初期的练习项目，让学徒能做得非常快且不出错。总之，从缓慢到敏捷的训练其实是自欺欺人，取而代之的做法应该是维持速度，但从简单到复杂进行练习。而我也注意到这种严苛的方法颇受喜爱，同时还能养成性格。学生学算术的方法就像在学过马路，重点不是慢慢过，而是必须掌握时机，学着掌控自己，动作明快，不怯懦恐惧。

这些规则如何转而应用到阅读上？应该先读扫过荧幕的句子，或者那些显现一段时间后被遮住的句子，接着把刚才所读到的写下来。相同的练习也可以用来学习拼字。学生要一眼辨识某个字或读懂一句话，如同要认出某张脸是谁那样。认对加分认错扣分，然后重来一遍。这才是个能唤醒注意力的课程；也可以用展示一面布告，然后移开的方式，目的是记下告示上的重点。这是思考练习，请注意，也是判断练习。更遑论，通过这样从整体探索到细节的目光，学生应可有效解读散文家一页页丰富的内容，因为整页文字总算同时真实存在，而且到了结尾才说明开头也是常见的状况。这种方式不同于结结巴巴、遇到难字就卡住，使思绪片段零碎的教法，其目的正是训练那些有口吃障碍却在门口争吵、不得其门而入的人。

39

> 走路时，我们会一步一步地愈走愈远，但阅读时，重要的不是读完一行文字，应该先全篇跑过一遍之后回头再来。

完整的头脑

懂得阅读，不仅是认识字母并念出一串串字母组合，而是要迅速看过去，一眼探勘整个句子，是从外部配件去认出文字，就像水手从船帆缆索认出各种船舰一样。顺理成章的部分即不需理会，直接跳到主要的困难重点，学学那些深谙读谱的行家。然而，步调如此之快并非没有危险，虽然其中藏有猜测的乐趣，而埋首书中，用手指着一个个元音念下去的小学生，必然难以跟上。面对艰难的拼字功课，注意力昏昏欲睡。必须加快阅读速度，但这么一来则又陷入语焉不详的状态。为认识字母而设计的巧妙方法已有不少，但困难之处根本不在认字。我不认为人们曾试图寻找能全面启发心智、摆脱拼字梦魇的方法。天资最优秀的几位自然而然就能做到，而我们应该引导其他人。那些人，我打赌，经常因迟疑，对自己失去信心而落后不前。他们阅读的方式宛如掘土，一锹一锹地铲，整个头脑被挖得坑坑洞洞。不过，我确信，用这种方式征服一个个音节的勇敢男孩，必能掘遍整部经典却完全没有进展。这一行的步调依旧缓慢，在此则毫无价值。走路时，我们会一步一步地愈走愈远，但阅读时，重要的不是读完一行文字，应该先全篇跑过一遍之后回头再来。用功研究与读字各有好处，大不相同。

在背书竞赛盛行的时代，对自己的记忆没有把握的人常稍微作弊。这并非为了争得好名次，而是想避开处罚。邻座的同谋把书本往他那边挪近，翻到该背的那一页，于是只消瞥上一眼，凭着先前的记忆，就能大量接收这些珍贵的字符。虽然它们并不在良好的视线范围之内，但大家都知道，在大致晓得内容的情况下，可以多读到很多。绝佳的练习。我不懂为何孩子不偶尔读一些他已差不多默记在心的文章。或许也可以师法闪烁的招牌或跑马灯，在他一边看的时候，文章一边消失。哲学这个词，有如一座想用双手紧攀却难以抵达的暗礁，但整个词又像一辆两轮车或一个火车头那般容易辨识。像这样一个词，若以闪电的速度完整显示，阅读者比较容易抓住；他能判断，能够掌握。一个短句，甚至只是惊鸿一瞥，看着它显示又立即消失，重复几次之后，也能很快判读出来。头脑经过这种游戏训练，应能适当地戒备追踪。此后阅读者完全不急着捕捉音节，会应用那种快如闪电的瞬间判断；而这种判断力，文盲有时在其他事物上发挥得如此敏锐。注意力做好全力以赴的准备，仿佛伏身跃起。学习阅读，同时也学习思考，两者绝对密不可分。话说，单单一个音节根本不具意义，就算成了一个字也令人完全摸不着头绪。字词的意思要根据整个句子来解释。

搭公交车时，我跟大家一样，觉得读反贴在玻璃车窗上的标语很好玩，那时我的状态跟文盲很类似，因为我能轻松认出每个字母，但整个字词看起来很陌生。我拼出字音，却始终没有那种如此轻易可得，没有人会特别注意，让我能像认人脸一般认字的那种实时同步的感受。而如果我习惯从各部位来辨识人脸，如下巴、鼻子、眼睛等等，那就绝对认不出一张脸。至于其他的，如果我们思考的规则是从细节考虑到整体，那永远也想不出什么，因为所有细节都被分割，没完没了。完整的头脑，才是才智。因此，无论如何，拼字认读很可能是一种十分糟糕的起始方式。

40

若孩子未能精准重复他自己所说的话，没有去想自己正在说的话，也就是说没有思考自己的想法，他其实等于什么都没说。

阅读，再阅读

没有人能思考自己正在说的话，因为他的思绪与口吐之言分属两回事。听听人们的闲聊，思考总是慢一步。我正在说的话盖过我刚才说过的话。大家都晓得有些人总是一边说话一边思考。演说基本上没有节制，因为就某种意义而言，它是一直持续下去的，每段话都根据前一段话出口。但所谓某种意义指的是什么？与一个动作接着另一个动作是同一个意思。光是这样一个举动，人就可以把张开的双臂再收回来。就像这样，但连串配合的是几个较隐性的器官，一个字接着一个字，闭口音接着开口音，舌颤音接着擦辅音。我清楚听见他的思绪，如果可以这么说的话，那是因为他的嘴巴不可能保持同一个形状，喉咙也不能以相同的方式振动。这段发言受到调节，有如永远摇晃着的大海低声呢喃。这种健忘的记忆易造成各种争吵。

关于教育的一切发想都贫乏可怜，因为对于思考其实很困难这件事，探讨不够深入。人们赞赏童言童语，觉得像是小鸟歌唱，不明就里，纯粹模仿，还能模仿训练有素的老百舌鸟——我指的是发问考核的重要人物。这些聪明灵巧的协奏让人难以等闲视之；每一份机智皆只为另一份巧思运作，丝毫不独善其身。若孩子未能精准重复他自己所说的话，没有去想自己正在说的话，也就是说没有思考自己的想法，他其实等于什么也没做。于是我们看到无知的人们，追求知识，却借重俗谚那种天真的诗句，句型中的数字与叠韵宛如发挥了才智的标记。这样的思想愈来愈稳固，却丝毫没有发展。格律完美的诗依然封闭人心；这样的诗限制思绪，不让它自由。

能跨越的是散文。散文排斥可吟唱的记忆。凡散文皆需用读的，因此懂得阅读即是一切。众所皆知，会读书的人就有能力自学新知，但懂得阅读的好处绝非仅此而已，更在首次阅读那一刻，在悟到人家在说什么的那个珍贵时刻，在摆脱记忆与迷惘的那一刻，得利于书这种物品，白纸黑字，恒久不变。书本是我们自身思想的模范：存留下来的即兴之作，定型的自由。保存的工作不再仰赖节奏，而是通过具体实物。因此我得以体验一种在测试状态却不会迷失的思考。

谚语、诗歌和不可变动的叙述文曾一度盛行。那是有信仰的时代；相信的对象是真是假一点也不重要。古老的寓言故事里找得到所有该有的好观念。但是，迫于记忆之必要，再加上忧心偏离正轨，人的头脑仍是身不由己的奴隶。也许应该这么说：古老的智慧中根本没有希望这一项，永远走同样的路，达成同样的目标。同样的秩序，同样的速度，同样的休憩，这就是记忆的国度。阅读首先改正的就是对思虑不周的害怕。用眼睛来读，体验那稳定不变的物品，大致探索，然后回头重来，一次读得比一次完善。在此，冒险的想法得到支持，从书写艺术的观点来看，希望开始萌芽。在练习中应混合阅读、再阅读、抄写、模仿、订正、重抄，我甚至想说刻印；瞄准这样的目标。毕竟，为何孩子不能为自己被重读过、改正过、清理过的想法，塑造如此周延均衡的想象？再说，书写的时候，模仿印刷字体总是有好处的，因为刻印在脑海的文字现在正是领导心智的国王。像这样，持续依循着古老智慧的规则，绝不更动想法，我们渐渐学到如何一面保存一面改变：怀疑与相信并存于同一个举动。

41

> 凡美好之事皆难，而只把小提琴当娱乐的人永远不懂小提琴。

当书的助手

老教师这个人经验丰富，常对他的年轻助手们耳提面命：主要原则就是阅读再阅读。"无论历史、物理或伦理道德，必须永远尊书本为首席教师，而你们，你们则要当书的助手。首先你们自己要服膺书本，以身作则，清晰地、铿锵动人地高声朗读；接着让孩子们重读这一页，多读几遍，确认每个学生都有小声念出来；然后，为了让全班的注意力保持清醒，要经常换人朗读，而且随机点名。我承认这并不好玩，但我们来教书不是为了好玩。"多亏这套严格的方法，这附近找不到半个不识字的文盲。督学们也常到这区来致意。

有一天，一次来了三位督学，按地位高低一字排开，老教师在旁作陪。年轻老师一点也不怯场，尽管如此，他却没有勇气听班上的小小人儿把课文念得断断续续，也不敢好好讲解齿音、舌颤音和喉音。不过，这堂课上读的是历史，他从那篇文章出发，讲起了故事；所有孩子都睁大眼睛，热切地望着他，两手空空地摆在书上，于是，北方的诺曼人（Normands）驾船抵达，战斗、掠夺、协议、联姻依序上场，还有好国王侯龙（Rollon）挂了满树的珠宝、城堡、封侯，国王征召的附庸军和后备军、焰形旗和盔甲纷纷出笼，俨然一出歌剧的布景。他甚至在黑板上画了一幅塞纳河的地图，而在蜿蜒的河边，陡峭的河岸上，仿佛可见诺曼人如蚂蚁大军奔跑攀爬，而另一方的蚁群严加戒备。这另一种形态的教法让孩子们学得津津有味，让人相信他们的眼睛会说话，且将部分感激之情传达给了三位享有特权的长官。

"好生动的课。"三人中年纪最大的那位说。"我也正想说呢！"第二位督学发表了这样的看法。第三位也点头同意。于是最老的那位又说："必须引发孩子们的兴趣，一切全凭这个。"总之，两位教师得到各种赞誉，孩子们放了一天假。

当天晚上，老教师对那位年轻老师这么说："这招一下子就消去了三期《十字报》累积的效果。我们那些长官可是非常畏惧那份报纸的。而我觉得你下定决心娱乐那三位老顽童的做法挺不错。他们其实是弱者，为他们可怜的虚名汲汲营营，未曾用心学习这一行的精髓。适合小孩童的就适用于老顽童，但是，我的朋友，对孩子要用适合大人的，也就是说，辛苦的过程不会事先得到报偿的专注力，以及一门结实累累的技艺，季节到来自然长出熟果。俗谚说得好：凡美好之事皆难，而只把小提琴当娱乐的人永远不懂小提琴。再说，如果今天那群小乡巴佬中冒出某个人来，流露轻视你、轻视我和那三位先生的样子，我也不会讶异；因为他们的父母绝不会教他们要多么敬重贩卖娱乐的人和展示图像的人。真正重要的事不在于启发这些小家伙的聪明才智，因为他们的脑筋快得不得了，而在于根据印象来调整他们头脑：那是我们的殿堂和我们的大教堂。以不朽之作换取不朽之作；不，说得更贴切些，是在不朽之作之上再添不朽之作。幸好，口才取胜的时代已经过去。"

42

> 根本没有人能靠听课学到东西，真要学习就必须阅读。

高声朗读

有人指出：文盲数量众多。否则能是什么状况？初级教学的课程方案已不仅荒腔走板可以形容。小学成了短期大学；老师只有一位，先是被要求无所不知，还要负责在半个小时内把所有知识以讲课的方式说出来，在此之前他必须把所有授课内容写在好几页纸上，宛如讲座教授一般。事实上，老师很快就忘记如此野心勃勃的教育理想，不过他学到了专业门道。当他的学生学会读书、写字和算术时，他颇为满意欢喜。然而一个由能言善道者组成的委员会追根究底，探求在课程安排中，是否遗漏了某些学了会有好处的知识：卫生保健、农业、厨艺、物理、化学、社会学、伦理道德、美学等等；

而那些说大话的人还以为自己有所成就。

有些老师，尤其年轻一辈的老师，乐于发表演说，而学生们也同样乐于听讲，这是掩饰怠惰的花招。根本没有人能靠听课学到东西，真要学习就必须阅读。因此，假如某个地方设立了一所现代学校，精准地遵守作息时间，课程的设计聪明灵活，用浅显易懂的经验说明；假如那里的孩子让人看见的是他们入神不动，是他们眼中热烈的火焰，是一切着迷者专注的征象，你可以确定：那所学校里的学生完全不会阅读。能言善道的人根本不会去体验阅读，他们认为这项功课太漫长、无趣，配不上他们。评断小毛头是老师的事，评断老师则是督学的事，也因此督学将高高兴兴地听到一些关于心脏或肺部的课程，看到配上几块肉脯的插图。文盲当然会对这些东西感兴趣，甚至从中记取部分简略而无用的真相，只是他仍然不识字。

写字和算术，这两样事很快就能学会。阅读则真的困难。我的意思是轻松、迅速、不费力气地阅读，使心神可以脱离字母，将注意力集中在字义。我认识一个文盲，约是可当兵的年纪，立志学会阅读，艰辛地做到能拼字的程度。当他的一位同袍问："你那份报纸在说什么？"他回答："我根本不知道，只是读出来而已。"那是因为他完全忙着把字母转译成发音，这件事占据了他所有思绪。这是一个必须度过的时期，此时他是阅读的奴隶。不过，一般而言，成年人根本克服不了。小孩可以，前提是要再三苦读，如果到了小学毕业，他读字时仍含糊不清，结结巴巴，那么他对阅读就再也不会有一丁点兴趣，甚至会把以往所学会的都一点点忘光。

如果我是那群能言善道者的头子，我会马上把小牛心和小牛肺都送还给肉贩。所有课程都用阅读的方式来上：他们会读历史、地理、卫生保健、伦理道德，如果这些读本都只让他们记住阅读技巧，我认为这样也就够了。我会把所有以口才取胜的形态赶出学校，就连评论已解释过的课文也不例外，那么做根本毫无目的可言。他们要阅读，再阅读，每个人轮流高声朗读，其他人则低声跟着他读。老师要负责监管，会有颇多事情要忙。人家给他评分会根据他的学生们知道多少，而非他本人知道多少。我不会问学生是否懂得一些大革命的历史，倒会问他是否能读米什莱（Michelet）[1]，是否能像一位优秀的音乐家读谱一般地，轻松自在，充满乐趣，以观

---

[1] 儒勒·米什莱（Jules Michelet，1798—1874），法国历史学家，被誉为"法国史学之父"。他的历史著作充满文学风格，散文中又尽显历史学家渊博的学问，著有《法国史》《法国革命史》《人民》《女巫》等书。

众自居。可惜，对于四度音程、五度音程、旋律与和谐，我虽然知识丰富，却是某种音乐文盲；我完全不是在读，只在拼字。少了这初步的、只有在孩提阶段能吸收的知识，其他高深的学问对我而言几乎毫无用处。

43

> 在一个每天见两次面、共有四十名学生的班级里，而你是唯一一个维持班上秩序的老师。老师这份工作，尚且是一份可以从事的行当。当你一周只出现一次，每次只教授某种特定事物，维持六个班的秩序，老师就成了不可能从事的工作。

大众教育的文盲

请构思一座公立学校，在那里，到了一定年纪的孩子被分为六个班，每个班一名教师。我毛遂自荐，担任观念学者，并负责督查。我发现这六位教师的本领各有不同，于是决定每一位都只教他最擅长的科目。这很合理。于是，其中一名教师一个班一个班地去教书写、画图和几何；另一名教师则穿梭各班，口若悬河地讲演圣女贞德和骑士巴亚尔（Bayard）的事迹；又一名教师负责法文语法；还有一名则负责伦理道德课。所有稍微算是内行的人都会公布成果，而预言早已认定，成绩必然恶劣。此话怎讲？那我们就来讲讲为什么吧！潜在原因不容忽视，它们是难以克服的关卡。

此处的问题在于纪律，唯独纪律而已。在一个每天见两次面、共有四十名学生的班级里，而你是唯一一个维持班上秩序的老师。老师这份工作，尚且是一份可以从事的行当。当你一周只出现一次，每次只教授某种特定事物，维持六个班的秩序，老师就成了不可能从事的工作。中学教师们对此皆心知肚明，只是不愿主动承认。如此有学问、深谙本行门道的人，理应得到每日相见的本班学生尊敬，当之无愧；同样一个人，如果他的任务也是一周须教别班学生一个钟头法文，必然遇上难题。在最好的状况下，他能与那些陌生人约定某种屈辱的契约：他能在安静的环境里讲话，学生则各自做其他的事。时间浪费了，教师默默恼怒起来，疲惫起来，没有干劲，没有勇气。这些浪费掉的钟点算谁的呢？但大家完全不讨论这件事。

还有更糟的，是的，更糟——有时候，本班学生和哪个外来团体可能混杂在一起。正常的情况下，一群从来未曾习惯共处的学生聚在一起，绝对出现混乱。原因是什么谁都能轻易猜到。就在这种时候，人们所谓的并班，应该会结出苦果。大家都知道，没有人有丝毫怀疑。不过还是有人做了试验，因为如此精准预测到的失败理由，他们根本不想说出口；

也因为决定进行试验的人里面，有部分书教得很好，却已不再继续；剩下的人当中，有部分教得不好，于是转而选择行政工作；另有部分决定者则是官僚，从来没有教过书，也根本没有这个本事，恕我称他们为大众教育里的文盲。这些人，某种程度而言，有如士官长，知道一点例行法规，行政方面也很在行或者也很不在行，管理着船只、船闸、剧院、部队粮食或国宝皇室家具。这类人，甚至其他人，一旦在这个奇怪的行业有点资历后，只需开一个班，一个学历够格且负责任的教授，上八到十个小时的课程即可。两个小时的法文课用一个萝卜一个坑的方式计算。如果出现这两个小时不够的状况，可以再加一小时，恰好符合另一位钟点不足的教授之所需。然后，资料文件上，一切圆满。

中央行政单位难道从不另求上进？无论是法国剧院、一家收容所、一座游泳池、一座监狱或一所学校，众所关心的还不都是年资、晋升、头衔、优待、关说、信誉、积蓄与钟点？听众与档案、部门间的斗争、法规咨询站，前例参考，永远是同样的无知管理术；鱼雷艇、飞机、餐厨、领退休津贴者、残障人士、战争损伤、疫苗施打、桥梁、堤道、淹水，一切皆然。这一切都营造出某种抽象的工作，所有行政人员都能立即了解，但其他人都不懂的工作。

44

思考应从眼睛做起，而非耳朵。

凝听、背诵与高声朗读

假如我是初等教育部门的首长，我提议，唯一的目标，即是教会所有法国人阅读。写字和算术也算在内。不过这是水到渠成的事；而我倒认识一些人不会认字，算术能力却强得很。真正的难关，在于学会阅读。至于物理、化学、历史或伦理道德等课程，我认为，在尚未让学生有能力阅读物理、化学、历史和伦理道德之前，上那些课完全荒谬可笑。我的意思是用眼睛阅读：对我而言，这定义了一个发扬人性的时代，正是我们刚刚进入的时代。

凝听、背诵，甚至高声朗读，对仍然野蛮的心智来说，是一种纪律。关于对谈讨论，人们已诸多着墨，这些活动时常造成妨碍干扰，从来没有帮助，不朝真正的理性进行，也就是说，我们应固守自己的意见，不靠任何隐喻，而是持续身体力行。凝听，等于一直往前跑，永远不能回头；或者必须停下脚步，学习，也就是重复练习。机制自然组织成型，我们被习惯牵制。一旦我们偏持某种意见，这意见就会在我们的脑中扎根。是的，一旦某种意见对我们来说实质可靠，它也就具有力量，我们会不由自主地去把它描述出来。

不过实际作用远远不止于此而已。身体投入，情感就会跟着投入。发言得以暖身。说话从来没有不伴随姿势的，特别是在需要大声一点，压过最基本的嘈杂时，总难免有气。这么一来怒气又会扭曲意见，更遑论在感染之下，这股气还经常爆发，甚至说话那人也会流露出来；毕竟演说者通过身体的训练，持续不断地说服着自己。这些可畏的力量总从旁捍卫雄辩之才，已长期主导世界历史好几个世纪。而那些落于最后的人却仍然相信话语的神奇，因为他们根本没有厘清那错综复杂的原因，殊不知话语的效果与其内容意义不成比例。

用眼睛阅读则完全是另一回事。此时，意见已定型并已表达出来，如同一件物品。我不必再耗费心力为了支持它而反复申明；我面对着它，不需激动，不需像个疯子似的用我的一口气去延续它。我可以不止一次地思量这则意见，所有部分都不放过，不必担心跟不上自己的讲词或他人的讲词。我可以先把它搁下，然后重拾；我可以采用它，但它不能掌握我。这项裁决的功能，即使对象是我自己的想法，我亦能先以会计师，或代数学家，或几何学家的观点去执行。我的想法是物，就在我的面前，我可以测试它，证明它；更好的是，一个星期之后，它仍完好如初。而所有思想都应经历这样的试炼。思考应从眼睛做起，而非耳朵。

所以必须培养孩子这种用眼睛阅读的能力，也就是说，首先以流畅的阅读为目标，然后超越。然而我们的小学生读得断断续续。他们较擅长听讲、背书，却不懂应用。因此，驴帽子上的长耳朵，其意味之深长超乎人们所能想象的。

45

> 所谓有文化，每个领域皆然，需追本溯源，亲手掬水饮下，绝不假借杯盅盛装。

重读原著

当人家告诉我他有一套《文化通识文库》，我便急忙去翻阅，满心以为能找到美妙的篇章，珍贵的译作，所有诗歌、政治、道德家、思想家的宝藏，结果完全不是这样，而是一些教育程度很高，看来也的确很有涵养的人，将他们的文化分享给我。然而文化根本无法传递，也无法扼要说明。所谓有文化，每个领域皆然，需追本溯源，亲手掬水饮下，绝不假借杯盅盛装。永远采用开创者制定的想法原貌，宁可隐晦也不要平庸，永远偏好美而非选择真，因为判断总要靠品味来阐明。更好的做法是，选择最古老的美，它最经得起考验。因为，判断一点也不该用来伤神苦恼，而是该用来执行。美既然是真之表征，是每个人身上那份真之首要存在，所以，我应该从莫里哀、莎士比亚、巴尔扎克的作品去认识人类，而不是光看几篇心理学的概要就好。我甚至一点也不希望有谁把巴尔扎克对各种热情的想法浓缩成十页文字给我看。天才的见解皆来自他所描述的那整个半明半暗的世界；我不希望和它之间有任何隔阂，因为，从明亮到昏暗的这段过程，正巧是让我涉猎事况的途径。我只需随诗人或小说家起伏运动，那是有人性的运动，正确的运动。所以终究要回归经典。千万别想只读节录篇章，那些段落只有一个用处，就是促使我们回去重读原著，而且我要强调，是没有注释的原著。注释是攀附于美的平庸，人应抖落这条寄生虫。

科学的领域也一样。我根本不想要最新发现，那丝毫没有培育文化的作用；对于人类的深层思考来说不够成熟。通识文化拒绝第一次出现的全新的事物。我眼见我们的业余爱好人士纷纷扑向最新颖的点子，一如抢听最新上演的交响曲。朋友们，你们的罗盘指针即将失灵乱转。专业领先我太多。[1]现代的管弦乐团本已编制过度，高调张扬，而行家竟还在乐团中引入独特的噪音，让我惊讶，令我困惑，不知所措。年

---

[1] 作者主张教育场所中不该引进最新的发现，因为那些学问太新，立论还不够普及稳定，只有专业行家懂，别人还跟不上。

轻的音乐家颇像最近那些发表时间与速度悖论的物理学家。因为他们说时间不是独一无二的,也不是绝对的;在某个速度范围内,时间确实唯一而绝对,但当讨论的速度接近光速时,就不再如此。因此,两点相遇时,相遇的时间对两个点来说是否为同一个时间,已不再理所当然。这简直是《斯基泰人组曲》(*Symphonie scythe*)中的鸭子叫,以奇怪的杂音博取惊讶注目。物理学的交响乐手们想用这种方式震撼我,但我捂住了耳朵。这时候该重读丁达尔的热学讲座,或法拉第(Faraday)[1]的电磁学论文。这些理论已被证明站得住脚。我上文所提到的文库应该给我们此类作品。而且我有个建议,如果你们想当个认真正经的物理学者,请在大桌上翻开某部这样的论文,然后用你们自己的双手,实作论文中描述的实验,做完一个做另一个。是的,这些古老的实验,人们说"早就众所皆知",却从未真正操作过。徒劳无益的研究,丝毫不能为索邦派的晚宴增光。但是,要有耐性。给我十年,让我来主导,推广我的朴实研究和不流俗的阅读书单,索邦大学那帮人将远远落在后面。

---

[1] 迈克尔·法拉第(Michael Faraday,1791—1867),英国物理学家,历史上最具有影响力的科学家之一,以发现电磁感应而闻名。

46

> 在我梦想的历书中，要能看得出一年的运转，这等于对未来敞开大门，扩大希望。如果人类持续将工作与这片辽阔的宇宙相连，应能更接近诗人，更心胸宽大。

历 书

乡下农人读历书。对他们来说，哪有比这个更美妙的事？即将到来的每一天、每个月、每个季节，皆为他们的计划插下标杆。对于接下来的一年，他们预先知道了某些事。首先是固定不变的项目，也就是星辰的远离与回归，它们构成年历的骨架。一年，这是星子们绕一整圈的时间。我还记得曾在去年看到猎户座：那个仿佛缀有一条腰带及佩剑的大四方形，悬挂在西方的天空上。还有狮子座的心脏 α 星（Régulus）就在我的头顶正上方。一年过去了，我再次看见它，仿佛在挂钟钟面上看到刚过了一个钟头。星辰也标记时辰。维吉尔作品中的领航员都跟随北极星附近的大熊星座，这星座的运行既能指出时辰又能指示季节。一年之中，大熊星座在子夜的方位刚好整整绕一圈。现在这个时候，夜幕初垂，大熊星座几乎在天顶，这只大指针标示四季，乌鸦啼叫的时节，水仙开花的时节，年年如此。要解释天空中绕转的大熊和筑巢鸟儿之间有何关系并非简单小事，但一切还是必须先从注意到这份关联开始，依我说，甚至要从赞叹其存在开始。我想农人有点过度忘记抬头望向星空，那道目光教人类学会最简单的法则。古人知道，牧夫座的大角星（Arcturus）会在春忙时节出现，在寒冷多雨的季节逼近时消失。这门农事科学逐渐被抹灭。劳动者读报纸，历书在城市里印制，内容不再是天体运作的月份，改为我们画出一格格没有颜色的周间和礼拜日，依据的是商业作息和各种期限。还好，大自然也欢度圣诞节和复活节；还好圣枝主日[1]的日期已写在树林里。尽管如此，城市的年历仍是另一种历书。在我梦想的历书中，要能看得出一年的运转，这等于对未来敞开大门，扩大希望。如果人类持续将工作与这片辽阔的宇宙相连，应能更接近诗

---

[1] 又称基督苦难主日，复活节前的礼拜日。

人，更心胸宽大。

将星子运行的轨迹结合太阳的周期：日升，日落，在天空中的高度。此外，也结合月相，不是枯燥的数据，而是详细的描述，让人在想到满月时不可能不想到太阳在对面，在地球的另一边。让我们也画出行星的路径，用以说明这颗星星会宣布首波寒流到来，另一颗星星则预示秋叶即将飘零。

时序的预测永远不是那么准，我会做一点牺牲；或者根据季节，仅做粗略的预告，那么大体来说我永远是对的。至于细节，我只描述可能的状况，像是三月偶阵雨，六月雷电交加降冰雹。用鲜明的意象缀满接下来的整个年度是件好事。为应付天候的善变，我加入鸟儿的歌唱，它们的啼唱几乎与星辰一样规律。担任先知并不需要冒那么大的险。

至于农地和花园里的工作，整本历书里都有足够的讨论，而这也是最美好的。如果再加入最准确的化学和医学建议，这份年历会是一本美妙的好书。

夫复何求？一部好的区域地理书，从地质构造出发，描述水文发源、河川、岩石、洞穴，同时包含农产和工业制造、交通及物价的观点，最后要有人口移动、迁出、移入等方面的精确观念。为了解释完全无法用其他方式解释的事，故事自然产生。在我的期盼中，这一本书应十分容易阅读，纸张精美，并且坚固耐用。亲民的朋友们若有空有闲，这正是一项值得去做的好工作。

在这样一部美丽的历书问世以前，我倒希望大家先在学校里尝试做一本，写在漂亮的笔记簿上。那将是学习各种课程的好机会，无论词汇、拼字、计算、天文、物理、化学、自然史，甚至说穿了，就是判断力。比方说，现在正值全国更换夏季时间，到处盛行测试，于是我想提议这样一个写作题材："四月十二日到四月十三日的夜晚，一位火车站长的困境。"我也想到可以计算来年的圣诞节和复活节会落在哪一天。在此，日常行事偏离轨道，需要持续思考。在做这项活动的时候，如果把墙上影子的移动行迹标上记号，一季一季下来，就会发现科学又变回一株生长在农村的植物，在每扇门上投射出美丽的形影。

47

> 一个真的懂阅读的人使用的是双眼而非双唇，他能根据字的形貌来认读，如同航海瞭望员从烟囱就能辨别船只。

无声的听写

许多孩子遭遇拼字之困难，辛苦奋战，令家长们大为意外。老师偶尔会认为强调正确拼字是一时潮流，终会过去。文法课本提醒：高乃依、塞维涅夫人（Madame de Sévigné）[1]和博须埃（Bossuet）[2]皆曾依据自身的幽默或奇想拼写声音。我们偶尔会读到哪个改革派的大胆先锋，把哲学（philosophie）写成 filosofie，综合（synthèse）拼成 sintèse，依此类推。这些

---

[1] 塞维涅夫人（Madame de Sévigné，1626—1696），法国书信作家，其生动风趣的文笔反映了路易十四时代法国的社会风貌。
[2] 雅克－贝尼涅·博须埃（Jacques-Benigne Bossuet，1627—1704），法国主教、神学家，路易十四的宫廷布道师，宣扬君权神授与国王的绝对统治权力。

新式写法必须被大声念出来，就某种程度来说，要大声唱出来才读得懂，类似要听懂音乐的做法。

你有时会观察一名穿着还算得体、举止也过得去的人，他一面看报一面喃喃自语，宛如本堂神父在念日课经。神父这么做乃出于戒律，而这种规范有多层意义。然而另外那人只是平庸的读字者，必然没什么文化；读出声音这项表征不会骗人。一个真的懂阅读的人使用的是双眼而非双唇，他能根据字的形貌来认读，如同航海瞭望员从烟囱就能辨别船只。如果你写成 filosofie，那就等于减少了两根烟囱，我再也认不出那艘船。因为有效的注意力并非集中在一个字上，而在于一串通过关联而形成意义的文字，时间就这么被浪费掉了。每个字都停下的人，脑筋发展迟缓；文意不在于字，而在整个句子里。忽略拼字规则的时刻出现在诗歌、雄辩论述或会话的阅读，读者比较会把注意力放在字音，而非字形上。重视拼字法则适用于阅读散文体的时刻。

适当地读散文能软化人心，原因如下：用眼睛阅读的人自然懂得拼字法；他认出我刚写好的那个字，就像辨识一件物品一样。通过注视的感知，被写下的事与他仍有一段距离，而且属于外物，他可以审视评判。但还需要把读到的内容发声念出来的人，他把字形转译成呐喊，首先必须吞下文字，自己先消化，好让外在的符号变成他所听见的各种叫喊，而他听见的正是他自己。从这一点我们可以猜想，边说边读的那人过度自信，而没有保持观看那个外部想法时观众该有的冷静。就此意义而言，我认为印象即是证明。是的，对于练习不足的读者来说它是一项证明，因为读者被强迫根据印象说出内容，也就是把某种只是提供给他的意见揽成自己的事。揽成他的事，我的说法并不过分，因为他的嘴、喉咙、肺、胃，另外由于反馈作用，包括他的心脏，都立即根据印象的内容而运作起来。报纸的影响力太大了。

所以应该带孩子们静静阅读；我相信大家从来没想过该这么做。所谓的流畅阅读根本不流畅，因为孩子朗读的方式夸张不自然。而听写的传统再度把属于书写的问题拉回发音方面的练习。孩子凝听，闭着嘴模仿那些声音，然后写出来，多少会出现错误，通常皆错得可笑，而从含糊或结巴的发音就能得知出错的原因。因此，我建议做这样的练习：让孩子自己先把听到的字念出来，声音要大而且要清楚，然后再写出来。我相信，如此改良之后，应能大量减少错误。但这个方法尚不完美，因为它始终在教孩子说出所写的文字。不过想必还是得先经过这个阶段，只是千万不可就此停滞不前。

所以我喜欢无声的听写，先显示一个个字，稍后显示整个句子，暂停一段时间，然后消失，留在记忆里的部分因而就像一幅实时复制在脑中的图画。再说，单纯抄写已是一项很好的练习。这样也终能学会阅读，不需用上丹田和情绪。

我很清楚：这么一来，我的学生也许有不再懂得正确发音的危险。所以在眼与手的功课之外，我还加上古老的背诵练习，在此当成发声器官的锻炼。不过我会留意挑选，所有背诵的课文必是优美的作品，并且专门用于此途。首先因为这样的作品能调节情绪，同时启发他们；另外也因为，对于这类作品，在检视之前先谈相信较为恰当。于是，必定随着话语而来的这份笃信又将有助于文化之养成。

48

穿着必须根据惯用习俗，打招呼必须根据惯用习俗，话是要好好说而不是用喊的，最后，写字也要根据拼字法。

内心语言

正确拼写出自尊敬，是一种礼貌。在此必须克服的是怪异。可以这么说，怪异吸引注意力然后误导它，因为外形许诺诸多可能，却什么也没给。好比一顶大帽子，或一把长到腰间的胡子；除其自身之外，这类表征丝毫没给我们更多讯息。鬼脸怪相也总唤醒好奇心，却从不喂饱它。这就是为什么一张自然平静的脸一开始就讨人喜欢；有如寂静，没有它就没有音乐。同样的，就这点来说，符合潮流的衣服十分合宜，因为绝不惹人注意。相反的，一个戴尖帽或浓密长发的奇特男人无法与其表征安然无事，只要他开口说话，讲的永远都是尖帽子。有个知名的例子：有位布道者胡子只刮了一半，结果没有人认真听他演说，倒是每个人都盯着他看；而通过眼神信息的交换，他本人也会对自己的演讲感到陌生。超出常态的事就这样引发骚乱，在那人的周围，也在他的内在，造成惊慌。莽撞和羞怯对战，于是头脑打结。所以穿着必须根据惯用习俗，打招呼也必须根据惯用习俗，话是要好好说而不是用喊的，最后，写字也要根据拼字法。人们说拼字法很难，但舞蹈和礼貌也一样难。懂得这些令人受益匪浅；而其实有机会学习这些即已是一项天大的好处。

当一个天真幼稚的人着手书写，我首先注意到他的言词临时编造，断断续续，反复重来，一点也不在意文采力道，因为他根本没有听众。而咬字在这时也被他天生的身体构造甚至态度左右，某种程度上，那像是小狗的尖叫连连。而字迹经常透露那种急躁匆忙和野蛮，更别说内容了——心直手快，口语和书写体混杂。教拼字法的老师们十分熟悉这类错误，多归因于自说自话那种轻忽又恣意的态度。在这方面，我建议应训练孩子在书写的同时大声且清楚地把话说出来。

正如教养不高的人太卑躬屈膝，连对椅子也哈腰，我们也看到完全不懂拼字的人表现得加倍礼貌，而且生怕遗漏什么，所以过分加重字的分量，就像那些欠缺风格的服装设计师，到处缀饰缎带和小蝴蝶结。于是出现那些双重字母，那些

ph 和 Y，被当成旗帜和彩带使用。这都是些过犹不及的动作。文法学家已审慎地将惰性纳入考量：懒惰会简化语言，导致语言变成单音节的吼叫。但他们不该忘记考虑夸大：夸张会矫饰，小事化大，成倍成双，情绪张扬，热情激昂。我的祖父总这么说："综合理工大学院"（Ecole Polytechnitique）。[1] 有个女人，有一天，在她激动热烈的谴责文中，写出"鬼善"（hyprocrisie）[2]这样的词。在这精彩的错误里，我辨识出提早变换嘴型的问题和一股从喉咙涌出的怒气。首先必须克服这样的放肆心态。因此，拼字法这项规范的影响比人们想象的更深远。体操和音乐的总和，或许，是内心语言的唯一准则。

---

[1] 原本应为"综合理工学院"（Ecole Polytechnique）。
[2] 原本应为"伪善"（hypocrisie）。

49

学生已习惯从听讲中学习知识，至少，他们以为自己确实在学习，而他们的父母也一样，听过两三次某位可以不假思索地连续讲一个小时的博学者演说之后，就以为已经为自我充实尽了足够的努力。

历史课

昨天有位年轻教师问我："我已经没有足够时间把学生该知道的全部教给他们了，如果你还要我们一个星期只授课二十小时，等于把三小时的课缩短成两小时，我们该怎么办？"

我看不出有何真正的困难。时间是被课程吞噬掉的。我推测，你教的是历史。在此我听见了你的心声，你以前必须立刻把各种事件讲述给学生听，而你认为这样就够了。某种行政上的偏见之所致，教师们被迫长时间工作，我也承认他们工作勤奋，都是些非常乖的好学生。但是，一般学生也普遍习惯什么都不做，而我想颠覆一下这个小世界。教师以他自己的方式工作，苦读众多论文和理论，沉思重大法则或微小因素，随他高兴，我觉得都好，但学生首先应该要知道赤裸裸的事件真相。所以，让他们从课本中学，然后背下来，这将是崭新的尝试。但是否需要留时间检视每一个学生的成效？与其寻找反对论点，不如想解决办法。我还记得曾有一段时期，课堂学监尚不算是助理老师。在上课前的自习时间，他们把看起来最不用功的学生叫到讲桌旁，学生背诵，他们则依照书上的内容检查。做好确认学生没有记错历史日期这项工作并不需要历史专家来做。分数由他们来打。教师先浏览这些分数，就能事先挑选问题，依其构想反问学生。而这时，视回答的状况，并根据所有人确定熟记的年代顺序，老师将展现他经验丰富、见多识广、底蕴厚实的面貌，十五分钟的临场发挥即可清楚阐明二十年的历史，熟知原则后，甚至可说明一整个世纪的历史。

我还觉得，与其在历史练习簿上写满字迹难辨的笔记，不如要求每个学生用他最漂亮的羽毛笔，如果愿意的话，也可沾上彩色墨水，写一份漂亮的编年史。先将年代等分标出，再渐渐填上事件及人物生平。这样的功课很容易评分，是需要努力用功才能完成的功课，因为漂亮簿本上的空白部分清楚道尽一切。而有好几个原因让我相信，类似用羽毛笔画画这样的作业，比起一般课堂上匆忙紧张的书写，更能让学生保持真正的专注。此外，人人都注意到了：一部好的编年史，只要能同时显示事件、年代和作品，即表达了人类历史中各种最重要的观念，即使较少事项可填的那些时期，仅凭一个个年份连续列出，亦说明了某些事情。看起来，即使身处那些黯淡无光的时期，人类仍继续生活、相爱、生产与交易。而这项如此简单的观察却是一种极其重要的概念。我的发现可不是什么大秘密。我们只会更清楚察觉，无论哪一种科目，把最耗时也最有效的主要作业挪到自习时间——这个名称取得好——是件多么容易的事。我知道，这种做法需要在一开始就强而有力地赏罚分明。学生已习惯从听讲中学习知识，至少，他们以为自己确实在学习，而他们的父母也一样，听过两三次某位可以不假思索地连续讲一个小时的博学者演说之后，就以为已经为自我充实尽了足够的努力。留声机和电影放映机是半斤八两的好兄弟。

50

> 一个人在这个领域所能得到的唯一发现是，他是否能警觉自省，把他对旁人的责备拿来改正自己。

认真书写

"品德教育，"年轻的教师说，"这真不容易。各种良知都在摸索且自相矛盾。教条之间也相互打脸。而当已思考这些问题三十年的大人尚且存疑，我又如何能给年少的孩子们坚定不变的原则？"

"过去，"老教师说，"我也曾经用三大重点式原则教课。那时我还年轻，声音大，有热情。男孩们双臂抱胸靠在桌上，眼睛盯着我看。我被书本误导，还不知道这种专注其实会让人变笨。不过凡懂专业者都能及时回头。由于阅读与写作很清楚是最重要的，并且需要时间，我开始逐渐减少口语练习，也降低我喉咙和肺部的耗损。孩子们阅读历史，抄写训诫。

做着这些尝试的时候，我有机会得到几样发现。首先，一本六法郎的笔记本，以及各种鼓励喜爱工作的粗体标题，没有什么比这些更有价值。此外，算是比较不明显的：认真书写这个动作需用上真正的专注力。这迫使肌肉松弛，行动熟练自然，再三思考并交互印证，学写字母中的环形笔画就是个好例子。你至少可试试看双臂抱胸思考，根本不可能做到。真正在动脑的人，某种程度上来说，会在空中写字，比手画脚，但真正写起字来，脑力会更集中，因头脑会随着这坚定且毫不马虎的姿势运作。"

"的确，说话时我们耗损脑力，而书写却更新思考。"年轻教师说道。

"而且，"老教师说，"对大人有益，用在孩子身上好处更多，因为那个年纪的特点就是性情轻浮不定。猜猜我是怎么能做到把品德课和习字课结合在一起的。而在这过程中我又有了几个小发现，其中最主要的，即是凝思一篇已成定论的文章，比起听从无穷无尽的评论，好处更多。从喋喋不休的评论中，我不大看得出条理，只注意到那些用词遣字总掀起一团古怪想法组成的浓雾或尘烟，而同一句话多加深思几遍，终能降低漫天迷蒙。用其他字来解释某些字，等于又拍打其他地毯，扬起更多灰。所以，再加上有授课之必要，我采集了一些文字最美、意义最饱满、句子最短的格言，成功地让学生抄写，并且不止一次当成习字模板使用。"

"这样的格言叫作思想，"年轻教师说，"也许说得并不差。"

"我相信大致不差。"老教师说，"但还是一样，通过这些经验，我终于看到品德的归依，它就存在于所有人心中且无所不在。因为每个人都对他身边的人道德说教，从来不出丝毫差错。贾克评价皮耶，皮耶也评价贾克。两个人都无懈可击。就像嫉妒的男人对风骚的女人品头论足，猜测她所有狡猾又看不清的心思；如同风骚女郎猜测嫉妒男子所有的狂想，以及他所有的造作和可笑。就像受到恩惠的人衡量好心人的动机，如同好心人试探受惠者的感恩。你会说，这是为了摆脱赞赏的迷思。果真如此的话，难道你没看见他们双方都清楚知道自己赞赏的是哪些，而哪些又是不能赞赏的？不过，我宁可说他们渴望赞赏，只是苦于说不出口。如同一个正在称金子的人不会任由别人牵引分心；如同一位检验合金的师傅，他会告诉你黄金和黄铜的分量，毫厘不差。因此，世间男女皆是品德导师及教师，从出生到死为止，从不出错。一个人在这个领域所能得到的唯一发现是，他是否能警觉自省，把他对旁人的责备拿来改正自己。其余的部分只不过是一场简单的游戏，人人都可参与。所以我愿意减少那些习字范例，剩下两三句这类的格言即可：'君子求诸己，小人求诸人。'"[1]

---

[1] 法文原句直译为："你建议邻人去做的事，自己先做。"（Ce que tu conseilles à ton voisin, fais-le.）

51

作品应有每个人的个性，而非事物的特性。因为那是作家自身的心灵，是在作文中表达自我的人类灵魂。

燕　雀

"燕雀，好题材。"督学这么说。他为人温和，年轻时曾出版过一本诗集。如果这堂课说的是象牙拨片，或者银丝弦，或者九孔长笛，根本没有人知道是什么，虽然他并没忘记。他仅对一心上进的青年学子们露出微笑，面无厉色。然而此言正中教师下怀。孩子们观察燕雀先生和燕雀太太已有一个月，个个有话想说。但他们的老师对于写作的艺术坚持己见，自有一套想法。他怕出现陈腔滥调，毕竟孩子的感受力丰富，语言词汇却很贫乏。他要孩子们在黑板上写字词，按照顺序分门别类，然后从中选出他们需要的。各种程度的愉悦，各种色阶的粉红，各种色阶的蓝，各种差异微妙的歌唱，有节奏的，抑扬顿挫的，变化万千的，又尖又细的，声音洪亮的；各种行进的方式，还有跑、奔、跳、跃的不同。督学露出些许不耐，在他年轻的时候，作文可不是这样写的。以前他从一个字跳到另一个字，随兴之所至。"今天，"他说，"如果我没看错课表的话，要上的不是词汇练习，而是作文练习。别把两种课弄混了。"

但所有人都已开始作业。燕雀先生首先被描述：它深灰色的嘴喙，蓝色羽冠，粉橘色的胸口，还有翅膀上的白色标记。此外还有它的步伐，有点笨拙摇摆，因为燕雀不会跳。相反的，它飞翔时盘旋，在空中急转纵跃、俯冲、攀升、玩耍，然后再次庄严地将它的礼服拖曳在路上。这会儿它栖息枝头，动也不动，张开鸟喙，打开喉咙，高唱它的春之歌，曲调既没有变化也不长，一段短短的序曲，然后是一串急促相同的啾啼，最后以一小段宛转收尾，说它是音乐，不如说是语言，但声量够强，响亮，丰沛，充满生命力与喜悦。这一切皆被一丝不苟地描述出来。孩子们偶尔犹豫该用哪个字，但毋庸置疑地，每个人都有充分的了解。所有人，除了督学以外：他对这个题材怀抱诗意的想法。于是，由于从头到尾找不到机会说句话，他只丢下这样的评语："这是一堂作文课，不是观察练习，别弄混了。"

"但是，"教师说，"他们还不到能描写未曾见过之事物的年纪。他们只是孩子。"话虽如此，现在，他们用自己的论述方式来继续表现燕雀太太，这个角色鲜少为诗歌所用：这位娇小的女士打扮平凡简单，一身略带浅黄的灰毛，一道较浅的条纹中分头部的羽毛，简直像一个绑了宽发带的小学女生。行走和小跑比较机警，飞起来不如耀眼的燕雀先生那么扎实。若非它翅膀上的白色标记，没有人认得出它。没有人能说它是否歌唱，是的话又怎么唱。

"当然，"督学说，"这是一堂很好的自然课，但在我看来，作文完全是另外一回事。那是一种想象游戏，更自由，更仰赖个人的奇想，然而有另一种规范方式，借助的是惯常运用和好的品味。作品应有每个人的个性，而非事物的特性。因为那是作家自身的心灵，是在作文中表达自我的人类灵魂。相信我，我们的情感、喜悦、希望、心中的春天，鸟儿的歌唱从我们身上唤醒的快乐和回忆。这些毕竟比一只燕雀的颜色更有趣。"

这场临时教学颇得他心，准备离开时，他真的这么想。但这个男人心中还是响起了真正的说辞，他严谨的专业曾告诉他不少苦涩的真相。"我们会走往哪里去呢？"他心想，"如果可怜的人们组织他们的说法时只根据真相，而不再讲求守礼?"但他眯起近视眼,盯着路上燕雀的动作,记起了早已被遗忘的童谣。而且,那是只麻雀,不是燕雀。但是,对诗人来说,又有何关系?

52

应该帮孩子一把,指挥他,拉回他,这样才能引出他真正的想法。

书写的艺术

发明的方法只有一种,那就是模仿。周延思考的方法只有一种,那就是延续某些经得起考验的古老思想。这种想法本身就是范例,构成利于思考的环境,因为首先它显得十分普通,而且颇为薄弱,但也因为熟悉它的仅有那些习惯经常回头审视的人,还有愿意把从神话到观念这条路,还有从偶像到神话那条更久远的路,从头再走一次的人。只有这么做过之后,才会懂得那整个观念,明白为何所有人仿佛深陷同一个观念之中,陆续思考,直到终于触及并照亮由石头、金属和风所构成的无感世界。

对立的观念自然会提供反证,因为那是从未接受过人类文化熏陶，随意看待新事物的人们所熟悉的。这相反的观念，乍看之下颇令人惊艳，一旦近距离细看，实则薄弱空洞。在那些小学教师难以摆脱的愚蠢教育学家身上，我辨认出这种特征。他们所说的许多事有很大的概率属于无稽之谈，而其中这一项：孩子的创意，比什么都珍贵，必须谨慎，避免灌输他现有的思想，相反的，应让他对着一页白纸做梦空想，他所写下的才会是属于他的直觉或发自他个人内心的，而非导师的想法。然而，像这样任由他自己写下的，偏偏正是陈腔滥调。就像一个小学生，为了描述一座古塔，丝毫没忘记加上"经过岁月沉积而变黑的石头"，然而一眼望去，他明明可以看见那座塔的颜色比周围的建筑都明亮。这就显示人向来只通过既有印象去观看，或者换句话说，表现手法专横地压制论点内容。

因此我要重申我的观念：应该帮孩子一把，指挥他，拉回他，这样才能引出他真正的想法。此事稀有而珍贵，对每个人来说有价值，如同荷马的一句诗。亲自试验就知道：为了一个字母、一篇叙事、一段描写，试着引导年轻作家去追寻，诱导他把需要写的事物注意多看几次，让他阅读，再读，在相同的题材上重复适当的模式，要他清点可能用得上的词语，分门别类；你将会看到新鲜的观点，对某种感受的细微表达，就此诞生，甚至出现初步的风格标志。而你帮得愈多，他发明的也愈多。所以学习的艺术不过就是长久的模仿，长久的复制，任何音乐家，任何画家都知道。对那些看得出门道的人来说，书写呈现了这项重要的事实。教育程度不佳的人所写的都大同小异，如果有差别的话，则来自另类怪诞或意外。相反的，文化涵养高的人，其书写却因为更符合一般模式而独树一格。

53

> 提醒听众回想他们自己的想法，为他们具体呈现那个想法，以热忱之火照亮它，这是说服，不是教育。

写字体操

青年维克多（Victor）在短短几天内同时犯了乱发脾气、欺负弱小，以及偷懒怠惰的毛病；佩库歇（Pécuchet）的右边站着布瓦尔（Bouvard）[1]，手里记了几点小抄，开始上起一堂品德教育课。福楼拜的书迷可以去找到确切的原文，度过一段美好的阅读时光，但我认为福楼拜的讽刺恐怕没达到目的。

---

[1] 以上人名皆出自法国文学家居斯达夫·福楼拜（Gustave Flaubert，1821—1880）的小说《布瓦尔和佩库歇》（*Bouvard et Pécuchet*），描述两名偶然结识的朋友一起搬到乡下居住，利用各种科学仪器做实验，检验书中记载的各式知识，却一再发觉矛盾，另外也显现他们探索知识的能力荒谬不足。这是福楼拜最后一部小说，还有一章尚未完成即去世。

一位法兰西学院院士在讨论布瓦尔和佩库歇时说："我对这两个笨蛋一点也不感兴趣。"不觉得被这句话痛咬了一口的人，一定没有好好读这本书。请注意，佩库歇并不笨。他简单扼要地介绍斯宾诺莎的学说时，表现得很不错；而且他的品德教育课与别人上的大致也差不多。荒诞的部分在于，他为了教育一群听众而在他们面前自说自话。就让从来没有所谓的演讲经验也没教过课的人去取笑佩库歇吧！其他的人，我想请他们笑笑自己。

演说口才的作用在于启发共通的想法，将它们提升到一个强大、耀眼且有效的层次，孤掌难鸣时绝对做不到。提醒听众回想他们自己的想法，为他们具体呈现那个想法，以热忱之火照亮它，这是说服，不是教育。但当你吸引住三十个孩童的目光，且能适当地把话说完，实在难以承认那是在浪费时间。固定不动的注意力终究是骗人的，那只是兴奋的等待，仿佛站在他们面前的是一位魔术师。连续说话，不间断也不出差错，如此艰难的训练总引发惊讶，也常有赞叹。然而，我不相信擅长说话的人真的能同时跟上他所说的想法，光是顾及文法和用词遣字等小问题就够他忙的了。他处于一切内容被掏空的匮乏状态，行走在一片形式的荒漠中。他在听众的面孔上探寻，极度需要这份注意力，如果听众被他吸引，他只会更满意，而这股得意并非好事。他可不是一位施舍的富人，而是伸手乞讨的穷人。我相信，一位智者，而且是没有任何贪念的智者，对于一位教师的耀眼表现，会这么说："他太会说话。"

但我想为孩子着想，并且，容我这么说，将固定不移且几乎焦躁的专注力在脑中随即造成的空洞具体呈现出来。人人都记得自己曾发挥这种近乎狂热的伪专注力，结果让头脑打了死结，这样的自我限制毫无意义。人一旦咬紧牙关就拙于行动，甚至在行动前即已疲惫，思绪打结的人就在这种状态。掌握想法需要弹性，以及那种用眼角察看的注意力，需要狡黠和微笑。放轻松，请放轻松。

很好。只是，如果你让听众乱跑，特别是年纪还小、活力十足的听众，他们也什么都学不到。不过我发现有另一种放松的方法，那就是主动熟练。阅读，再阅读，背诵，精进书写；绝非求快，相反的，要以版画雕刻师的谨慎，在漂亮的习作簿上悉心描红，抄写意义饱满、形式均衡、文辞优美的例句。这样的作业益处良多，有弹性，为思想铺设温床。写字是一种体操，可从字形和笔画线条中看出成果，而那正是文化素养的表征。不过，首先还是需要一个文化环境。只要你准备使用的字词尚未先通过阅读再通过抄写而变得精熟，别对口语抱任何期望。而你本人，能言善道者，也请以书写代替讲演。黑板的好处不限于解释几何学。吃重的挑战，但我看你倍感压力，绑手绑脚，所以请练习大写字母，宛如在大理石上刻写铭文。像这样，你的思想变成你自己和众人的标的物，然后，轮到他们去抄写，采取这种态度正好使他们能恰如其分地了解你的演说。事实上，一个学写直杠的小人儿正在为他的大人事业踏出第一步。

54

> 只有把目标掌控到能去捕捉且自身绝不被掳获的程度，心智才能得到力量。

意志力的好处

我们不会在演奏会上学到音乐。并非缺乏兴趣，且兴趣并非全部。我甚至要说，我们所热爱的事物从来不会让我们学到东西。阿尔塞斯特（Alceste）一心想了解赛莉麦娜（Célimène）[1]，但他要不是原谅并赞美她，就是一下子恼羞成怒，永远走在不对的路上。笛卡儿甚至大言不惭地说，追求真实之爱是人们失去理智的主要原因。只有把目标掌控到能去捕捉且自身绝不被掳获的程度，心智才能得到力量。所以我们都知道，音乐教师并不比其他教师有趣，甚至可以说比

---

[1] 阿尔塞斯特和赛莉麦娜是法国剧作家莫里哀（Molière, 1622—1673）名作《恨世者》（*Le Misanthrope*）中的主人公。

其他所有教师都无趣。而在我看来，这是一种征兆，代表着音乐教学做得比诗歌教学好。试想象一位寻求感动人心的小提琴大师，他立即会对拉弓满怀激情，并尽心尽力地完美表现，这一切都写在他扭曲的脸上。工作坊里所教的是一项颇为残酷的现实真相：首要之事就是告别他的心头所爱。心头之爱的确把我们带到了门口，但必须把它留在门外。用另一种方式说，必须辛勤工作，然后从中争取一种幸福，那是欲望所窥见不到的幸福。在成为几何专家之前，无法真正享受几何学。因此，我们所有的欲望中，皆存在虚荣，完完全全的虚荣。我们追逐荣耀，其性质一点也不稳固；而从这个角度来看，失望就在我们种种辛劳工作的门口徘徊。不过，在努力钻研的荒漠中，一旦我们有所进展，大权立即到手，得以凌驾于一切荣耀之上，那才是真正的荣耀。而只有从一位真正的小提琴手，或一名真正的歌者身上，我才能捕捉得到那种荣耀的光辉，因为一丁点的虚荣皆刺耳嘎响或颤音连连。

我回头讨论拼字、算术和阅读，因为那是我的目标。这是一开始就存在的问题，孩子必须将兴趣扩及本身根本不会引发他丝毫兴趣的事物。没人对字母感兴趣，有趣的是阅读。二加五等于七，没人对这个感兴趣，而是想算得像伊诺迪

（Inaudi）[1]一样快。于是生出懒惰之烦恼，总等着愉悦如魔法般降临。

现在让我们做两个实验，各关于字母和数字。我给你一页印刷文字，你必须划掉所有的a。你立刻会想：这么做一点用也没有；但我刻意抹去你这个暂时的念头，因为我只给你六十秒完成任务。专注的六十秒，没有人能拒绝，亦不能原谅自己惊慌，也不可出任何差错，毕竟这项任务如此简单。这种心态造就一种有益的屈辱感，因为，在一头栽入独自解决的同时，你立即发现：一切操之在你。这类困惑为雄性专属。我们只有从各种不可原谅的错误中才能真正学到东西。

数字小嫌无聊，数字大则伤脑筋。在此提供一个方法让孩子对数值小的数字感兴趣，轻松增加五到七个不是问题。我给你一长排两位数字，规则是在另一个直排格子里写下两个数字的总和，只给你三十秒。我事先挑选了题目，水平最高的人能在规定时间内刚好做完，而且全对或几乎没错。做这项测验时，俗话说得好，每个人都会自我评量。从速度和错误来看，糊涂的人会承认自己粗心；徒然疑神疑鬼之后，

---

[1] 雅克·伊诺迪（Jacques Inaudi 或 Giacomo Inaudi，1867—1950），意大利天才心算家。

反复探索的人也会发现自己的毛病。每个人或多或少都能体会到何谓确切明快的步调，从容的明察秋毫，不胆怯，不躁进，不自以为是。于是心智处于自己擅长的领域，能够自主。我绝非要夸口说通过如此简单的练习就能学到很多，只是想让大家知道，比起松散怠惰的好奇心，意志力的好处远远大得多。

55

> 天才也好，蠢材也好，无论他们去哪里，
> 靠的都是自己的双腿，而非旁人的腿。

从自身过错学到真相

人们总急着断言某种天性是好还是坏，说教育根本改不了任何事。我同意教育不能把红发的变成棕发，也无法阻止发丝卷曲。而我也同意，这些状况所显示的不是小问题。这个人气色金澄，黑发浓密，双眼浊黄，身形纤雅，肌肉软弱，在此，他的一生等于已经注定：所有行动，所有情感，所有想法皆将染上那种阴沉的色彩；而同样的，另一个人也将因为他所说的和所想的而呈现粉红、红色或蓝色。随便一个姿势都会表达出他们各自的天性，然而该爱惜的正是这一点啊！正是这一点：无论金发或棕发，血气充沛或面色发黄，人正因这一点才像人，才强大且自由，否则，他可能变成什么样？

没有任何人因旁人的优点而存在或行动。

希望出现那样一个人，生下来就品行优良，随他怎么生活都不必担心，这也是虚构幻想。我很乐意听别人描述某种类型的人时讲他的脾气和眼睛的颜色，不受疯狂的喜爱、欲望或失望的影响。相反的，那些被夸赞很有天分的人，最后常常一蹶不振，而且如果从来不克制自己的话，跌得比谁都快。无论人的躯体属于哪种类型，都可能拥有各种情感，可能犯下各种错误，而且如果疏忽，时机和前例刚好都凑在一起，情感和错误还将产生加乘效果，而这一切所根据的，的确依然是那无可模仿的、独一无二的人生模式，亦即每个人所背负的命运。地球上有多少人，就有多少凶恶和悲惨的模式。但每一个人也各有其救赎之福，而且专属于他，一如他的肤色、发色。他变得勇敢、慈悲、睿智，借助的是他自己的双手和双眼，而非你的手和眼。他的完美并非来自你，而是他对自己的完美要求。你的美德对他派不上用场，反倒是，那些可能成为他的缺陷和热情的部分，会被他拿来造就成长处。人们不是常这么说吗？错误使用的耀眼优点正是一个人失败的原因。这话并非没有道理。

斯宾诺莎是一位麻烦的导师。尽管如此，即使对他的了解并不透彻，甚至或许应该放弃这个念头，还是可以发现，他在著作中以几近激烈的言辞说道：美德是一种英雄式的自恋，意即没有任何人能靠他人的完美来拯救自己，反而应该从自身的过错中学到真相，并善用他的怒气、激愤，还有他的野心及慷慨。打人的那只手也能援助；怀恨的那颗心也能去爱。常听人对叛逆的孩子说："学学你姐姐，看她那么乖。"那么他也大可以建议那个本身是棕发、身材纤瘦的孩子学学她的姐姐，变成一头金发，圆润丰满。我甚至要说，美丑因人而异，在一个人身上所形成的和谐结果只适合他，因为根本不存在所谓美丽的配方。我经常发现，一般审美观念认为美丽的线条，很容易因恐惧、忌妒或恶意扭曲变丑；甚至可以说，在本可轻松帅美的面容上，丑态更加明显。同样的，正经认真的人和可说是天才的人，一旦顽固，持有偏见，亦更令人惊愕。话说，若甘于讨好甚或谄媚奉承，所谓的天才又算什么？而一个天分不佳的人，如果能懂得最细微的小事，又该怎么说？只要他愿意做出去了解这个举动，他就是对的。不是为了明天，但为了明天过正确的今天，这种精神到哪儿去了？每个人都容易犯错，自以为懂很多的人也许更容易错。因此，脑筋动得慢且被幻想异梦蒙蔽的人，通常走得很远。但天才也好，蠢材也好，无论他们去哪里，靠的都是自己的双腿，而非旁人的腿。

56

> 或许只有在试图模仿别人的时候，人才会对自己不满。

认识自我

斯宾诺莎说，人类根本不需要完美的马。这则论点将鲁莽的思想家描绘得真好，告诉所有人：他们根本不需要完美的旁人。如此一来，每个人的嫉妒心都根治了，模仿的念头也被转移了。当然，美德的原则在于自然流露的举止，以及努力保存自我。若有位击剑手身材娇小，就请他用速度和跳跃来弥补。或许只有在试图模仿别人的时候，人才会对自己不满。不过这也是因为我们想为他人而活，至少是在自己身上找出让他人认同的理由，倘若那些理由能让我们被别人认识的话，于是人们不知不觉急于向他人描述自己。这是虚荣之举。

这种怪癖恐怕来自对自己的恐惧，甚至厌恶。关于人类自私的研究指出，人类一点也不喜欢自己。借用某位作者的话说，为了自己根本没有热情的事物牺牲，简直疯了！所以必须追寻自我，找到自我。但此事很难：每个人对自己的想法皆有共通之处。这个共通点就是想法本身。某项证明必须在所有人身上都说得通，要不然就是连对自己都说不通。就是基于这种心态，人步入了想跟别人一样的歧途，想跟上流行似的追逐某种意见。我们学着用跟旁人一样的标准去判断；而那些人彬彬有礼，但脾气难以捉摸。因为脾气可一点也未被人云亦云收服。大家可以注意到，不实的迷恋和根本不确定的评判特别容易伴随暴烈。想与众人一样的同时应保持自我。关于这一点，巴尔扎克写下了这段惊人的想法："天才的好处是他像所有人但没有人像他。"毋庸置疑地，巴尔扎克这位天才本身即是例证，不是因为他阐明了道理，而是因为说服力十足，毕竟支持我的论点，对我有帮助的人，必然强而有力地保有自我。

那么，那些我称为有鳄鱼本性，武装且藏匿得如此妥善的人，例如笛卡儿、斯宾诺莎、歌德、司汤达，为何不容易了解？困难其实来自一项非常古老的误会，纯粹源自神学院，使我们把普通当成了四海皆通。有一门学院派科学想以一种观念贯通好几样事情，一旦在那一点上迷失就很难拉回。掌握了各种现象变化，例如借由能源这个共同概念认识热与功之后，有多少人以为自己已经彻底了解？他们才在起步阶段而已。同样那位斯宾诺莎总以有力且神秘的方式提醒世人，他告诉我们：人了解的独特事物愈多，对上帝的了解就愈深。知并不难，难在知而后行，也就是说，通过所知来思考最终的差异。对于只把观念当作工具或手段的人来说，一切皆新鲜，一切皆美好。

从这条思路回头讨论关于自我之想法，我认为人应该以普世的角度来自省，而非视之为一种普遍行为。在普世层面上，自我应该是独特的、无可替代的，说穿了就是拯救自我。心智伟大的人物仅忙于战胜专属他们的困难，而那些困难深藏于他们的脾气性格之中。我要补救的是某些爱、恨、渴望的方式，十足的兽性，一如双眼的颜色之于我，紧紧相随。我要做的是补救，而非消灭。吝啬是各种执迷中最小气的一种，其中的秩序精神，四海皆准；对工作的看重，举世皆然；痛恨浪费时间和疯狂挥霍之心，人皆有之。这些想法，毕竟是思考的成果，将能拯救吝啬鬼，假使他肯做自己，知道自己想要什么的话。野心方面的讨论亦然：如果他真的有野心，因为他想得到有价值的赞美，用来夸赞自由的心神、差异和抵抗。对喜欢的事物更加紧去爱，于是，爱得以保全不间断。因此笛卡儿说：没有任何迷恋是不能善加利用的。老实说，他根本没有解释这句话，但每个人在认识自我的过程中早已应用了这份坚决的乐观。在此，追随笛卡儿，绝对不是想变得跟笛卡儿一样。不是的，我还是我，正如他就是他。

> **57**
>
> 从经验本身片段撷取的自然科学，对于头脑的启发，比不上专业的实际应用，所以应从最早被熟知的科学着手，那其中蕴藏其他所有学问的关键。

教学的范围

我曾好几次在言谈中表示，当今的初等教育环境中，把教学范围缩限在阅读和算术是最稳当的做法。在众多理由中，我提出了一项：从经验本身片段撷取的自然科学，对于头脑的启发，比不上专业的实际应用，所以应从最早被熟知的科学着手，那其中蕴藏其他所有学问的关键。但是，为了让大家知道至今甚少实行的这种方法遭遇到什么样的实际困难，我想在此报告一项我经历过的状况。那是战争爆发前不久的事，人们觉得生活较先进的阶层拥有过多的享乐和财富，确实如此，没错。人们自以为有时间对这些资金做出符合人性的管理，防止这些钱被用在大家心知肚明的地方，但懒散、无聊等繁华生活所带来的果实，早已捷足先登。

那时，我成功聚集了十来个小女孩和她们的常任女教师，教她们基础的机械学和天文学知识。这么做不是要她们答对考试问题，只是让她们能针对彗星和双子星侃侃而谈。我不管舆论，所有科技词汇也都留在教室门外。我想带她们有诀窍地观看天空中的事物，这个目标最终大致达成。然而在她们汲取知识的同时，我也学到了许多，而且是值得所有人沉思的事。

一旦获准张口，一旦那些小女生不再害怕斥骂或讥笑，她们便说了很多听来幼稚或愚蠢的事，那是因为她们的用词遣字经常张冠李戴。此外，就算是最简单的概念也必须经常用放大镜检视。或者，换别种方式说，对学生而言，困难几乎从来不在老师看到的地方。我亲身见证，其中一名女孩上完课后表现出优异的专注力和天资——她想将一根长棍的影子移到太阳的方向。由于在那个时间，阳光不可能照进我们所在的教室，我必须关上窗扉，拿来一盏灯，做实验来教这名小女孩。在那个状况下，困难的部分完全不在于绝对不嘲笑她，只要不是很没教养的人，理所当然都能做到；棘手的是让她的小同学们不嘲笑她。

现在我想告诉大家主要的困难是什么：那就是避免嘈杂和混乱的状况。孩子一旦弄懂某件事，心中便产生一大波可观的情绪起伏。如果他已抛开恐惧和尊敬，你会看见他站起身，大幅比手画脚，描绘他的想法，突然发自内心地大笑，仿佛正在玩最好玩的游戏。相反的，如果孩子就是不懂，你会看到他一本正经，动也不动，说穿了就是悲伤，最后表现出今日教育家们所谓的专注。然而一旦他萌生出某种想法，就该让他说出来：学生抛出自己的想法，越过老师的话语，推挤别人的想法，把所有人往后拉；或高举某种新猎物，让所有人跟在后面跑，以至于不得不听天由命，胡说八道。老师真是一份可敬的职业，也是绝妙的体操练习。是的。不过别忘了，那群女孩只有十几名，另外她们的女教师也在场。如果她们有六十个人，只留我独自面对，一手拿着地球，另一手抓着太阳，难道你不觉得不到一刻钟，我大概已扯破喉咙、头昏脑涨了？独断的教条主义与精神管训及由此衍生。这件事让我们看到，倘若我们希望除了学问，共和精神也能进驻校园，今日的学校需要许多改变。

58

> 民主的首要义务即在于回头等待落队的人，他们人数众多，因为根据民主的理想，一名不能教育人民的精英显然比收取租金和债券息票的富人更不公正。

科学的精神

科学精神必须渗透每一个角落——我说的不是科学，而是科学精神。因为科学形成一种压迫逼人的巨大谜团，而关于光、电、粒子运动的最新科学研究，背后透露的是复杂的计算和完全不同凡响的经验。很清楚的一点是，镭的相关研究尚不适合在年幼的小脑袋里投射一点灵光，而且这些孩子能研读的时间少之又少。

在科学领域中，最好的是最古老的，建立在最坚固的基础上的，以及人人得以实际应用因而最熟悉的。想把近来的物理学争论简要地说给孩子听，借此栽培他们，这是一项会造成严重后果的错误。有些学者赞成彻底驳斥牛顿的万有引力，另找理论来取代，例如中心压力说，于是各行星变成是被推往太阳，而非受太阳吸引。我需要读许多资料，经过漫长思考，才能确定这其中除了字面上的争论还有什么意义，不过这样钻牛角尖对孩子并不好。我希望他们先学会在天空中为自己定位，确知主要的星座，跟着观察太阳、月亮以及最显眼的那些星球的运行轨迹，然后我们再从表面的运动深入真正的运动模式，避免斤斤计较，非说地球从哪边往哪边自转不可，而这些推理本身已需要许多艰深难懂的知识做后盾。这条路，孩子必须重新走过。泰勒斯、毕达哥拉斯、阿基米德、哥白尼，这些大师对他来说已足够。教学的人不需烦恼自己是否明白最新的发现，何况他永远也无法真的明白：在关于镭或电子方面的论述中，必然还有事实上的出入、推论的错误和判断的错误。怎么会没有？在每个时代，每位最伟大的物理学家身上，都能找到错误。就让永不疲累的时间来筛滤这一切吧！

况且，最近的奇妙新发现如电、电话、无线电报，令人感到惊异，而非教人得到新知；这正适合用来说明那句名言：人类做得到的事远比他所知道的多。因此，人们用一种具毁灭性的观念铺设基床，而这个观念本身就站不住脚，所以可想而知，人类根本什么都不知道。然而，杠杆、滑轮、浮体，这些东西人类都懂，而且几乎有如公理般不言而喻。这是丰盛的养分，而非起初醉人后来造成昏睡的酒饮。头脑也要讲究保健。

一开始就跑在冠军旁边并非明智之举。人各司其职，最好让天才探险家打头阵去发掘新事物。我尤其想到军队里的胖子，落在最后面，而且愈来愈远。因为，事实上，现今的乡下人与一堂索邦大学教授的机械力学课之间的距离，跟一名西西里岛的奴隶与阿基米德的浮体原理相隔得一样远。民主的首要义务即在于回头等待落队的人，他们人数众多，因为根据民主的理想，一名不能教育人民的精英显然比收取租金和债券息票的富人更不公正。我也颇相信，学者偿还我们的不是观念知识而是机器，这样的不对等是所有其他不公正之根源。这就是为什么在给孩子的科学教育课程中，我会在天文学里加上简单的力学研究，例如杠杆、滑轮、斜面、楔子、钉子、螺丝、螺旋桨等等。依我说，这些绝对足以启发孩子们的头脑，打破共识默许之锁链，而那才是真正的枷锁。

59

> 无论你有多么专注，都需要经常选一条铁道路线旅行，以了解分支与衔接的系统；我的意思是，去认识各种道岔，辨识主要干道，而这还只算是入门而已。

教学之道

大人也有常识课。比方说，在一所真心想教经济与品德的学校里，他们很可能想带学生参观煤矿，以便给予比口头教学更好的教育。"真理联盟"（Union pour la vérité）是一个由自由人类所组成的可敬社团，他们就提供了这类方法，打造一座"共同文化学校"。在运动展开的初期，人人都会赞同支持。但事情没有那么简单。

我已多次说明，为了整理想法，我们所做的每件事都有一种可贵的效用。为什么？因为所有实际行动需要时间和多次试验，好让事情变熟练。但观众的角色较为不利，他们需要更多耐心，以及经常观看的机会。无论你有多么专注，都需要经常选一条铁道路线旅行，以了解分支与衔接的系统；我的意思是，去认识各种道岔，辨识主要干道，而这还只算是入门而已。但一项新事物的第一次亮相，所刺激到的只有想象力。当我们想使孩子像猎狗守着野兔一般专注时，对他们造成的，经常也是这种没有结果的惊讶。这就是为什么我不相信旅行能给人这么多知识，不然，就必须走得很缓慢，放弃全部看完。

我曾用望远镜看月亮，并没有不愉快的感觉。然而，看见那些被太阳照亮的山脉并没有让我学到什么。因为那必须遵守某种顺序，但我想要的完全不是这样，而是在星星之间乱跳，并好好标记这场漫游的路径。然后，尽管观察了那么多次，我终于逐渐能专注在重要的部分，整件事对我来说仍不够熟练。总归一句话：星星、太阳和其他星球，我喜欢远远地看。动物的好奇心使然，我看了又巨大又迫近的星体，但人类的好奇心想长久维系它们最初所见之外貌，最单纯的关联才不致被混淆破坏。著名的第谷·布拉赫（Tycho Brahe）[1]

---

[1] 第谷·布拉赫（Tycho Brahe，1546—1601），丹麦贵族，天文学家兼占星术士和炼金术士。他最著名的助手是开普勒。

就完全不愿意使用望远镜，只仰赖标有方位的星盘和拉直的线。如果迦勒底（Chaldée）[1]的牧羊人当时拥有我们的高倍数望远镜，恐怕无法从占星中学到任何重大科学。观察能力的发展超越诠释的艺术并非好事。电话接线生就遇到这个问题。职业之所需，他观察各式各样的现象，却什么也没能真正了解。基于实用理由，工业手法深深遮掩了事情的重点。而当人们找出所有齿轮环节，附属零件亦将盖过主体本质。

这就是为什么学习杠杆、悬臂吊车和时钟的原理，比立即去研究电子合乎道理。经验并非小事，逐渐累积经验，正是教学之道。总之我对技师的经验并没有那么大的信心，更何况过路访客的经验？头脑养成猜测的习惯，在万丈深渊上方架设桥梁。工人的一只手，刻着工作的痕迹，代表千言万语；一整座矿坑则同时诉说太多事情。仅一架绞盘已有大量讯息要审视，但其实，真正的考量终究会回归精简的形体，于是绞盘看起来突然像一具杠杆，甚至滑轮，而真正的机器却遮蔽了机械原理。这一点在经济省力的机器上更严重，它

---

[1] 在《圣经·旧约》中，迦勒底是新巴比伦的同义词。大约在公元前625年，迦勒底人夺得巴比伦尼亚的王位，建立了迦勒底王朝，亦即新巴比伦王国。迦勒底人奠定了占星术系统。

们的独特魔法恰恰就在阻止人们看出内部端倪。若没有银行员的头脑，根本无法深入银行机制。一个打折贴现的问题反而让人受益良多。

60

> 人们必须战胜处处可见的表面现象，而科学史会证明，若未事先具备几何学方面的知识，就无法战胜表象。

数　学

　　偶尔有人问我："常识这门课的目的在于给孩子外在需求的初步概念，对于这样的课程，你有何见解？"我的回答是，常识课应该要教算术和几何学。事实上，所有科学都是从几何学开始的，而我大致了解为什么。事物带给我们的知识来自数量及大小的状况。孩子一旦注意到车轴与轮子圆周之间的关系，就能做任何他想做的测量，测出各种尺寸圆圈的大小，自己画出来：或用一根小尖棍加上一根拉绳画在地上，或用一副圆规画在纸上。关于圆、角和弦，最深入的研究必然是这样直接投入的结果，只能来自不断改善这种不留任何猜测或假设空间的观察方法。孔子铿锵有力的箴言在此正可

207

派上用场："欲诚其意者，先致其知，致知在格物。物格而后知至，知至而后意诚。"[1]而倘若有人怀疑二加二是否等于四，那是因为他不清楚二、三、四代表的是什么。仔细观看核桃、小骨头、小积木或纸页上的点，我们会很快晓得这些数量的实质内容，能去组合或拆解，没有任何隐藏。这就是为什么我常说，数学课堂是观察者最好的学习场所。

除了数量和形状以外，世界上没有任何观察会导致我们出错，而且促使我们改正。星体从东方升起，往西方落下，但它们实际的运动是由西向东，而当人们观察到太阳和月亮的实际运行后，仍应视之为纯粹的表象，别忘了，这两颗星球看似在天空中依循同一条路径，但一颗是地球的卫星，而另一颗是星系的中心，地球是它的卫星。牵涉的科学愈复杂，事实愈明显：表象其实什么也没说，我们必须去假设，去猜测，去验证假设。总之，人们必须战胜处处可见的表面现象，而科学史会证明，若未事先具备几何学方面的知识，就无法战胜表象。

---

[1] 此句出自《大学》。法文原文直译为"学问的目的在于认识事物，当事物已知，学问即成。"（La science a pour fin de connaître l'objet; quand l'objet est connu, la science est faite.）

在几何学和算法中，完全没有需要战胜的表面现象，也没有任何神秘隐藏。当我把五加上七变成十二时，整个操作是透明的，没有发生任何我不知道的事。同样的，如果用拉绳绕尖棍一圈，直到回到原位，我便能制造出各种大小角度的可能状况，而我们也可以看见：这些是最早摆脱天才和众神的知识。所以现在必须抛开束缚，因为神改变了校园里的成见，不再将数学当成最困难的科目；因为其实正好相反，那是最简单的，也是唯一适合孩童学习的科学。

61

通过简易算法思考的人反复老调重弹，不太明白理性亦是一种力量，如果告诉他们：有种新物体不受能量不灭的原则限制，你会看见他们没有异议，照单全收。

会思考的猴子

小学生们聚集红色和白色的小积木，以十为单位堆成堆，然后十个单位堆成百，十个百变成千，同时又代表十的三次方。像这样，数量可用事物代表，而形体被拿来印证算术结果。不过时间一分一秒地过去了。曾当过数学老师的督学后来说了这样的话："具体的方法有其好处，但最好是用在事物特性的教学，而不是拿来教抽象的数字关系。算术的教法经过简化，让我们不需注意细节和实际单位的类别。进行加法时，你不需去想十位数、百位数、千位数等问题；只需把数字对齐排好，一切只剩下最简单的运算。按常规行事，放松紧绷的脑筋。在做千位数的计算时，没有人的脑子里会想几千样东西。同样的，在各种代数变换中也一样，我们不需去记数量，只要考虑数字间的关系。对于这所有运算，我的首要目标是让孩子算得又快又好，绝不出错。"

老教师是一位乡村哲学家，身经百战。他打算给督学上一课，于是从容地回答："假如你把数学视为一项应用，那么你说得真是对极了：不必思考就可以做算术，也可以操作代数。这就像是，我要让这些孩子有谋生的能力，于是把他们当成猴子来训练就行，但我另外保留了时间来教他们思考，而且既然时间很短，我根本不期盼能教物理，因为那些观念不易掌握。至于其他，如果未曾事先打一点基础，从思索较简单的关系着手，就开始思考热力，或者甚至只是思考压力的问题，恐怕会教出会思考的猴子，而这样的例子已屡见不鲜。拯救了代数的是几何学，但欧几里得的学问对我的同胞们来说太沉重。至少，通过积木小方块，我能长时间抓住他们的注意力，用来思量数字与形状之间最简单的对应。我的常识课即以这种形式进行。我始终认为，如此着眼的数学课堂是最好的观察学习场所；现在，我几乎认为这是学习观察的唯一场所。因为，看见水沸腾或结冰，完全不是真的清楚看见，只能算是相信，而且对于所信的内容也不太了解。我的小积木却丝毫骗不了堆叠它们的人。所以，通过科学史，我们看到：关于数字和形状的知识率先摆脱了天才和众神的束缚。这足以证明它最简单，也最适合幼童。而从这些清晰的经验中所感受到的真实接触非常珍贵，正是长成大人之所需。"

他出神了一会儿，又接着说："简化的算法离实物太远，切断了心智与事物之间的关联。我们都看得出来，这种脱节的脑袋造成奇怪的效果，就连有学问的大人也一样。二的平方是四，二的立方是八，这可以用简易算法得出答案。然而，双倍边长的正方形面积必然是原来的四倍，绝对不能容纳其他大小的面积；双倍棱长的立方体，其体积必然等于原来的八倍，这是自然法则，所有物体都须依循，是物理和化学也不能打破的铁则。依常规或方便行事，这种没有说服力的想法就此被抹灭。通过简易算法思考的人反复老调重弹，不太明白理性亦是一种力量，如果告诉他们：有种新物体不受能量不灭的原则限制，你会看见他们没有异议，照单全收。但如果对这些孩子说：有一种稀有金属，制造成双倍棱长的立方体，新立方体的体积却变成原体积的九倍，而非八倍，其中或许有两三个孩子会嘲笑那名物理学家。所以，无论从事何种操作，人永远必须感受并保存这份能够判断经验的强大智慧。战争主要源自无法判断是非和机械化的思维，难道你不这么认为吗？"

督学已骑虎难下，像缺铁症患者似的不停抖腿，说："活见鬼！战争已经结束，别再谈了。"他执行了审查任务，却很希望忘掉这些不光彩的回忆。

62

> 一旦人之所能超越其所知，他就会选择能力而放弃知识。

怀 疑

知识或能力，两者只能择其一。无数的人在屋顶上插了天线，以为从此就能接触到科学；其实是反其道而行。捕捉那些看不见也摸不到的电波是一场猎奇，但也只是一场捕猎而已。那是对能力的好奇，而非对知识的好奇。在巴黎听见牛津的夜莺之人，其实既没学到自然生态也没学到物理。更糟的是，调整机器就能如此简单地让他享有远方举行的音乐会，而欲知该如何组装某个大小的电容器和某段长度的线圈又极度困难，对比之下，他开始嫌恶学习。就算只想知道一点点，也需要绕好大一圈，教人如何能不选择轻松动手指即可收听的能力？根据一句名言，一旦人之所能超越其所知，他就会选择能力而放弃知识。自从飞机不需理论学者的批准即可升空,技术人员就把理论当成耳边风。这类愚蠢的傲慢正以惊人的速度蔓延发展。

那天有个笨蛋说,有鉴于能量是积分的结果,若非有深度的数学家,最好不要谈论能量问题。积分的符号被比喻成一条慑人的蛇。有趣的是,若我去找到那么一位符合资格的数学家,而他建议我,别想通过积分了解任何事,除了简易算法以外,而那的确只是一道简易算式。这所有功的总和,我们称为能量;若想了解这其中该了解的事,恰与先前那个笨蛋所说的相反,必须放弃简化和解题的心态,学泰勒斯那样长时间凝思,思考最简单的例子,运用笛卡儿的四条规则[1]就能轻松计算出来的总和,例如利用绞盘升高,然后落在木桩头上的机动锻锤。谁能从铁锤的撞击中找出所有作用在操纵杆上的功,也就是经由某段长度所产生的力,就已经具有些许能量的概念。但那个想让我们错过了解机会的笨蛋到底

---

[1] 笛卡儿以他持续关注的唯一学问"数学"为蓝本,构思而成的四条规则理论:一、"明证规则",绝不承认任何事物为真,对于我完全不怀疑的事物才视为真理;二、"分析规则",将问题分割成若干个简单的部分来处理;三、"综合规则",思考从单纯事物循序渐进,朝复杂的事物迈进;四、"列举规则",毫无遗漏地逐一列举。

算什么？他是时下流行的那种人。他用技术人员的心态说话。著名的柏格森（Bergson）[1]当然从未想过盲从流行，他的幸运之处在于，他刚好走在潮流里，而且不知不觉地吹捧了技术人员。

千万不要任自己迟钝茫然，相反的，应该要想想另一种类型的科学进步：至今前所未见的进步，能在所有人之间散播一点科学真知的进步。且让机器运作吧！它们运作着，将继续运作下去。但我所谓的另一种进步，泰勒斯以几何学和天文学两种研究属性，即足以促成，而这种进步应能拯救陷入机械主义的神智心灵。所以我等着出现那么一位电力专家，他操纵手柄的能力非常强大，但我期待他能根据太阳的行进及地球的形状，推测出在某些地区太阳偶尔能照亮井底。泰勒斯开始朝南前进，为了寻找这种他以前不知道的，而且不需要他便自然产生的新现象。这场经验所改变的只有他这个人。在这些追寻研究中，心智发号施令，大权在握。为什么呢？因为对于庞然目标，他无法改变任何事；无从操控和改

---

[1] 亨利·柏格森（Henri Bergson，1859—1941），法国哲学家，1927年诺贝尔文学奖得主，以优美的文笔和具有丰富吸引力的思想著称。以《创造进化论》之作，强调创造与进化并不相斥。

变冬夏至点,因此用最深度的凝思改变自己。于是,通过思考,他终于得知何谓了解,何谓知道。从此,他将自我提升,直到怀疑技术人员究竟会什么,吹嘘了些什么。怀疑的难度并不低于知道,反而更高。

> 代数好比一条隧道，你穿山越岭，不必烦恼沿途村落和蜿蜒的道路，人已经从另一头出来；但你什么景色也没看到。

几何学与代数

真的是要比综合理工人（polytechnicien）[1]更厉害的人，才有办法把十三和十二加一混为一谈。十二有其自身面貌，一亦然，很清楚地，十三既不像前者也不像后者。我把十二加上一，造成一种完全的转变，仿佛多出来的这个位数改变了所有其他位数。再说，有谁不认识我们称之为三、四、五的这些个体？因此，当新兵一起排列在操场上，一个普通人会从每个新兵身上捕捉到一种适度的平衡、一张无法复制的面

---

[1] "综合理工人"特指巴黎综合理工学院毕业生。创立于1794年的巴黎综合理工学院在拿破仑时期被纳入军校体制，至今仍是法国最顶尖且极富盛名的工程师学校。

貌、一抹一生只见一次的眼神。但我猜综合理工人眼中只看到一群新兵。是否果真如此，我其实不太确定，因为综合理工人本身亦是大自然的杰作，而且也有思想，只是，他一旦开始推理，就不愿思考。他想出来的，就像人家说的，是一般的看法；他清点人数的方式与清点口粮面包或炮弹无异。的确，口粮面包勉强算是一种生命体，而炮弹可一点都不是，除非算上铁锈和偶然形成的痕迹，但那些根本不属于它，因此近似机械。

就某种意义而言，数量的性质是机械式的。加一个，再加一个，会计加加减减，一如机械工人将零件联结分开；他制造总数、积数、商数，因此他完全不是在思考。而证明就是，一台计算机也会制造总数、积数、商数，而且做得比他好，无须塑造任何真实数量，通过齿轮、铁夹、档条或螺丝来加了再加或减了又减。既然可以有计算机，那么也可以有推理机。而代数已经算是一种推理机器：只消转动手柄，你就能毫不费力地得到一项结果，改用头脑来做只会痛苦不堪。代数好比一条隧道，你穿山越岭，不必烦恼沿途村落和蜿蜒的道路，人已经从另一头出来；而你什么景色也没看到。

几何则是一个奇妙的世界，在那里可催生各种独特的点子，仿佛真实的数量一般，但比数量稍微更贴近自然。正如十三和十二加一不同；更明显地，正如一块面积不同于其边长的总和，体积容量则又是另一种存在。一个六角形完全不是五角形多一角，曾经建造正五角形和正六角形的人都很清楚那是两回事，形状各有各的面貌。稳固的规则形，如同非实质的晶体，在这趟几何的旅程中可代表山丘和峭壁。这才是人的思考模式：类似经验、想象和两者各自对其步骤的推演。

但代数有如一阵沙漠的风，袭卷而来。思考的机器轻松地、一系列一系列地制造出这一切事物。对应用层面而言，这样的发展非常好，但会牵引思想踏入奇异的历险，仿佛制造四维空间的实体，用代数来解，这理所当然，但在几何学上则不成立，欠缺实验证明。又或者，如果有人说时间是空间的第四维度，以代数来看，顺理成章，但经验在此告诉我们事实并非如此。

64

> 从不思考语言问题的人，等于从不思考任何事。

语言的翻译

心智的所有本领都在语言的涵盖之下。从不思考语言问题的人，等于从不思考任何事。顺着这个逻辑想下去，很容易了解：对于只会一种语言的人，聪明才智从不现身，于是他知道外语翻译成本国语和本国语翻译成外语是无可取代的学业练习。关于这一点，人们疑问为何现代外语的教学始终比不上拉丁文修辞。好个大问题，我无法回答。不过这个主题不是个容易被发现的观察，我们可以做更深入的探讨。

有个深具文化教养的青年热爱英国诗人的作品。他说只有他们才是真正的诗人，自信能通过最高等考试之难关，志在教导法国人英文修辞学。他在写作项目上名列前茅。他本人现身时，颇受青睐，然而一旦他张口把 th 和 w 的发音变得怪腔怪调，便立即遭到鄙视。评审们先是一阵错愕，听他坦承其实从未渡过英吉利海峡到对岸后，又为他感到难过，遂建议他花点时间，跟来自伦敦的马车夫打交道。这种猴戏他一点也不喜欢，便把位置让给了那些为了发音正确而挤眉弄眼的人。

我听人讲过，有个督学在我们的中学里教英文。他常从口袋掏出一面小镜子和一支笔，用这种方式，同时教学生和老师一堂挤眉弄眼的英文发音课。他经验老到地示范如何照着镜子，利用铅笔收拢舌头；他们都做到了将发声器官调到最好的位置，发出很难发的音。通过这类办法，以及如英国裁缝师般的细心，确实可能让自己看起来像英国人，甚至具有某种英国精神。不过那只是在模仿动物罢了。这样的成功却让自己成了陌生人，绝对的奇怪陌生。就像一个能完美模仿各沙龙的饶舌的人，他再也出不去了。这副怪脸反映出他的思想。于是，那些我们称为英文大师的英国产物发展出一套翻译教学法，我已不仅一次观察到其荒谬的效果，但他们不容置疑，高高在上，睥睨一切，改变嘴型。这样的努力对心智来说很奇怪，但又能被轻视到什么程度呢？害怕出丑的恐惧太强烈，占据了整个心神。

假设西塞罗（Cicero）[1]现在在罗马担任辩护人。面对来自罗马的旅人之转述，看他惟妙惟肖地模仿西塞罗的鼻音，我们满腹诗书的拉丁文老师会露出什么样的表情？一个人能发出另一个人特有的鼻音，必然非常了解他；此话千真万确。人人都晓得那套外交官教学法，也就是通过模仿来猜测对方最隐秘的想法。不止一次，利用这种猴子学人的方法，我成功地在自己身上引发共鸣，感受到对方的害羞，或是他的渴望、疲惫与某种隐隐的心胸宽大，即使他藏得很好。而这些对实务上的影响可不小，但是这只是跟动物学来的狡猾。如果我跟西塞罗对辩，我的优势是根据他的语气和动作猜测他没说出来的话。但这算是了解吗？这能充实心灵才智吗？算不算是采集了他最好的想法，甚至实践完成？这是对他的认同？幸好没有任何饭店门童会说拉丁文。因此，在拉丁文的课堂上，绝对没有铅笔或小镜子来帮我们免除思考。

---

[1] 马尔库斯·图利乌斯·西塞罗（Marcus Tullius Cicero，前106—前43），古罗马政治家，代表作《论法律》。

65

> 谨记文化最主要的敌人即是流畅且从不回头、从不暂停的阅读。

直接读原典

人文科学保存在为数不多的书籍里,而且,我相信所占的位子甚至也仅限于一间教室的四面墙。的确,我或许除去了几千册只能算是评论的作品,但事情很清楚:如果对重要典籍了解够深,就不需要读评论。不朽大作都已聚集在这间教室内,每一部都采用最好的版本。对于古典文化课,我的教学目标在于让学生知道这里每本书的内容。在此,我并不是要学生懂得做摘要,因为那等于原味尽失,而是要他们能直接读柏拉图、蒙田或圣西蒙的某个段落,知道作者在此定义,或说明,或举例介绍某个他们正在研究的想法,因为我痛恨别人用差不多的方式和拙劣的语言转述作者表达得那么好的内容。关于这一点，我用提问的方式来训练少年们，同时也训练自己。比方说"'小说是我们能携带上路的镜子'，这句话是谁说的？在哪部作品里？"或者"请找出柏拉图的皮囊，还有智者、狮子和蛇妖""找出亚里士多德谈论女人和服从之必要性时说了什么""找出蒙田那场坠马意外"，要让学生们一跃起身，毫不犹豫地翻开书页，用手指出相关段落。笔记、档案、索引，我全都不要，因为该做的是一读再读，最后能熟记这些卓越杰出的篇章。

在没有拉丁文的今日文化中，我发现最糟的是人们一点也不懂阅读。外语译成本国语和本国语译成外语的练习能让我们停留在一页长方形印刷品上，就像艺术收藏家在一幅漂亮的版画前面驻足一样。因为收藏家绝不会说："这幅画我已经看过了。"他会想一看再看。一篇美丽的篇章也希望被好好研读，以整体的角度、关联的角度来看它的光辉与暗影，有时品味细节，有时鸟瞰大局。所以说，人必须要学会欣赏。关于这一点，外语对本国语和本国语对外语的翻译练习无可取代，而拉丁文亦无可取代。

人们想略过拉丁文，但拉丁文是无法忽略的。然而就让我们试试看吧！但要试就要好好试，谨记文化最主要的敌人即是流畅且从不回头、从不暂停的阅读。我刚才提到的所有重要著作，人们大可读法文版，并从中得到许多收获。可是注意力该如何集中？恐怕必须反复阅读、背诵、抄写再抄写。我实在无法确定英文、德文、意大利文的文本是否能像拉丁文一样，字字引人专注。读者首先必须打消念头，别想通过耳听来理解或发出和当地人一样标准的口音。可惜人们在意的正是这一类的用途；请注意，这会形成另一种专注力，而我相信它的破坏力足以摧毁头脑。这样的敏捷机灵可说是根据唇部运动来捕捉意义，与阅读贺拉斯（Horace）[1]或塔西佗（Tacite）[2]时该有的缓慢、周全、来回审视、充满谨慎及保持怀疑的目光，正好背道而驰。这几张面孔亘古不移，我同意莎士比亚亦值得入列。话说，谁能阻止大家希望像一个英国人观剧时所理解的那样去了解他的作品？人们最后总想了解那些紧闭的牙缝中吐出了什么。于是我们都耍起了猴戏。

---

[1] 昆图斯·贺拉斯·弗拉库斯（Quintus Horatius Flaccus，前65—前8），罗马帝国奥古斯都统治时期著名的诗人、批评家、翻译家，代表作有《诗艺》等。他是古罗马文学"黄金时代"的代表人物之一。

[2] 塔西佗（Tacite，约55—120），罗马帝国执政官、雄辩家、元老院元老，也是著名的历史学家与文体家，主要著作有《历史》和《编年史》等书。

66

> 我们那些疯狂的战争一定来自过分相信，
> 如同什么都没见识过的那些人会发生的
> 状况。

古典研究

现代人文科学根本不存在，这与协作不等于社会是同一个道理。过去必须照亮现在，否则在我们眼中，当代的人们有如谜样的动物。我们觉得他们是动物，那是因为我们所学不够；他们本身的确是动物，因为他们缺乏教育。发明无线电话的人只是一头聪明的动物，他的心智表现来自其他源头。

我观察到在不迷信宗教的类型中，有一种完全站不住脚。教会的教义乍看之下无法论证，甚至荒谬，那就当是这样吧，我们别管。不过，以时间观点视事的人会发现许多其他神明、庆典和庙宇殿堂，皆诉说着人间世事。谜题一长串，转移了对一个综合理工人竟然去做弥撒的惊愕之情。人们也早已参加过其他许多弥撒。但应该主动接近,多深入了解一点讲法律的民族,也就是罗马人;还有哲人智者的民族,那就是希腊人;也别忽略犹太人那个热烈崇拜信仰的民族。在此,显现些许微妙的野蛮绝不可能;在此,由于一种无边无际的恐惧,手和脚,餐桌上的餐刀和奶油罐都有迷信禁忌。另有两个民族,与我们也十分接近——不过是其他方面——他们所有的森林和所有的山岗处处住着神,有神谕、鸟占卜和肠占卜。埃及人和亚述人,完全无从了解的两族,形成遥远的背景。东方尚在后台做梦;波利尼西亚人人手舞足蹈。倘若未能幸运地熟悉犹太人、希腊人、罗马人等在各种智慧层面已如此先进,同时却又遗留下不少惊人错误的民族,我们将对人类一无所知。不懂得这一点的人仍是蛮族,而这要归因于一种着力错误的不信神态度。蒙田可以治疗我们,但他要我们读古人典籍,所以必须勇往投入。要不然就把帕斯卡当成疯子吧!甚至连笛卡儿也疯了,因为他曾去洛雷托(lorette)[1]朝圣。所谓现代人就是这副模样,我的意思是,他不回顾古文化,看谁都是疯子。然而我估计他会接触唯灵论(spiritisme)、神

---

[1] 洛雷托位于意大利马尔凯大区,该地的圣家圣殿是罗马天主教朝圣地,传说堂内的房屋曾为圣母玛利亚所居住。

智学（théosophie）和一切惊讶所造成的结果，因为那都是已被超越的时刻。然而，以一种游戏的方式，必定要超越它们，克服它们。古典研究确保我们脚踏实地，人类在地球上学习信仰，却不致奋不顾身。我们那些疯狂的战争一定来自过分相信，如同什么都没见识过的那些人会发生的状况。

波利尼西亚人使用电话，这并不表示他就是文明人。于是会有那些血淋淋的祭坛，而且没有供奉神明。但以前所有祭坛皆血淋淋，皆没有神明。君不见，人道主义者，持着玫瑰装饰的粉红葡萄酒，早已用鲜血混合班杜希泉水[1]清洗双手。酒神女信徒们回到大理石门楣上。诗歌治疗狂躁疯癫。情感受到的惊奇已经被驯服，一尊神辞退另一尊。奔腾的半人马不再掉入惊慌的冲击。早在苏格拉底和费德罗（Phèdre）的时代，他们便已光脚踏在水中，听流水潺潺为乐。此乃我们的"赫拉克勒斯任务"，我们的精神之旅。通过它们，我们抹除了人类勋章上那低俗狂热主义。于是绝不杀人的激昂热

---

[1] 位于意大利的天然清泉。古诗人贺拉斯承诺献祭一头羔羊，并歌颂这座泉，祈祷即使在最炎热的日子里，泉水也能源源不绝。

情将逐渐成熟。楷模饶勒斯（Jaurès）[1]。所有人的楷模，更是打铁匠的楷模：因为所有力量皆可畏，对其自身亦然。所以，人人皆可接触纯文学吗？为什么不行？让我们正视这个想法吧！

---

[1] 让·饶勒斯（Jean Jaurès，1859—1914），法国社会主义领导者，是最早提倡社会民主主义的人物之一，并因宣扬和平主义观点及预言第一次世界大战的发生而闻名，同时也是《人道报》的创办者。

67

> 路不止一条，美不止一种，甚至亮光也不止一道。

首先从希腊文开始

"首先从希腊文开始"，每当有人不论培育目的，要我针对培育智力这个主题提出建议，我皆如此回答。无论你志在数学或物理，历史或品德，政治或经济，或仅仅只为了思考的快乐，我都会先跟你说："首先从希腊文开始。"当然我也充实现代哲人的作品，但我永远会在荷马和柏拉图的典籍中重新找到，并一再找到一切的源头，纯粹的源头。有人跟我说，拉丁文、德文、英文也大可孕育一种文化、风格和研究。我不反对。路不止一条，美不止一种，甚至亮光也不止一道。

我本人颇具辛梅里安人（Cimmerians）[1]性格，喜欢我们的浓雾细雨。但在希腊人丝毫未经净化的思想中，我经常发现某种野蛮的深度；而纯净的拉丁著作，在此我指的是文化部分，则含有另一种深度，属于律法的深度。

古希腊是一座不信教的岛。在几位知名大哲以前，我只看到盲目的信仰；但在他们出现之后，遍地可见宗教狂热，信念开花，一个又一个圣人。这一切造就我们现有的才能。我喜欢这样的能力，也没有其他选择。但我发现古希腊人是当之无愧的和平典范，当时的雕像已呈现出这样的气质，柏拉图的思想、荷马的作品，更将这一点表露无遗，我们看见田径健将奔跑，不知他是人还是神。这种艺术、思想和风格上的美妙，其不可思议之处在于人彻底而喜悦地接受人的地位，并且，在仰头追寻更完美的境界时，所找到的仍是人，就某种程度来说，是一种不朽的运动健将。如黑格尔所说，这代表着心灵与肉体的和解。

在此之后，我只看见人类努力不懈地想跳开自己的影子，

---

[1] 一支古老的印欧人游牧民族，栖居在高加索山脉和黑海的北岸。荷马史诗《奥德赛》中，一支"神秘的民族"也被称为辛梅里安人，生活在位于大洋之外冥界边缘的一块黑暗多雾的土地上。

但白费功夫。心灵壮志勃勃，看似藐视激情，却牵引我们发作情绪，这等于把肌肉的想法转变成胃袋的想法。在欧洲这个角落，人类已从美进化到崇高。"崇高"这个概念中，藏有一抹不幸的色彩。古希腊人因自己的恶行而遭到不幸，这只不过是罪有应得，现代人却自创因行善而遭遇不幸之说。永恒的尤利西斯[1]，还有其他许多英雄，皆从这场奇遇中脱身，但大家都明白我为何对一头冲进思考这份危险行业的人说："别轻举妄动，回到我们心智的起源。先穿上希腊凉鞋吧！"

不轻信宗教的时期是美好的历史片刻。若没有对宗教的怀疑，人们就不会认识信仰。这条路应该重新走过，不止一次，应再走好几千次。思想如同文明，应从愚蠢的信仰出发，从中解脱，并且永远解脱，因为人的结构永远不变，始终是由肚子、心脏和头脑组成。我们的整段思想中有一段埃及时期，因为在那个被某种思想震撼的人身上，我看到的是埃及面孔。希腊面孔应该从它延续而来，其纯净空白令人赞叹，近似泰勒斯的几何学，然后是彩绘玻璃窗上的圣人。只是，我了不起的朋友（苏格拉底常这么说），请务必留意，在拯救

---

[1] 罗马神话中的尤利西斯对应的是古希腊神话中的奥德修斯，是攻克特洛伊的英雄。

你的心灵之同时，也要拯救那空空如也的头脑，你需要它才能跑得跟历史一样快。因为一切尚未定论，或者更甚：已说出口的也不再算数。一切如新。看看那些衣着华美的才能之士，迷失在他们的物理、政治、经济和品德学问中。泰勒斯、梭伦（Solon）[1]、柏拉图却能看出他们是否总是回到相同的问题，永远求助于女先知咆哮时的隐晦神谕。这些思想家被绑手绑脚且痉挛般地不由自主。希腊的奥林匹斯诸神战胜了野兽众神，很美的象征，但重新开战永远有其必要。别扔掉你的希腊文法课本。

---

[1] 梭伦（Solon，约前638—前559），生于雅典，出身于没落的贵族。古代雅典的政治家、立法者、诗人，古希腊七贤之一，公元前594年出任雅典城邦的执政官，制定法律，进行改革，史称"梭伦改革"。

68

假设人忘却了这些伟大的回忆、这些诗歌和华丽的言语;假设人将自己局限在自己的守备范围里,阵营的守备范围里,仅在意警报声响和愤怒狂吼,在意身体被周遭环境压抑出的产物,那么他就是一头动物,搜寻着肉酱,遇到阻碍就嗡嗡振响,宛如苍蝇。

人性与共同记忆

阅读荷马的时候,我与诗人结交,与尤利西斯和阿基米德结交,也与所有读过这些诗句的人,以及仅仅听过这位诗人大名的群众,皆连成一气。在他们所有人和我心中,我让人类发声,听凡人的登音。一般用语以人性(L'Humanité)之美名来称呼这场凡人的探索、追寻和对人类特征的凝望。既有诗歌、音乐、绘画、纪念建筑等这种种表征在前,何需调停,早已和解。然而大家假装相信全人类社会远不算是成就;

法国、英国、德国，这些才是成绩。

那么就请你站稳这个立场，巩固它。若能遇到任何思想领袖，请你问他，崇拜或至少敬重，是否为人之常情。不。成就，应该被拿来重视，甚至应该要投以极大的注意力。而且相反的，尊敬与崇拜会造成一些也许根本不存在，但其实应该要存在的观念，比如尊崇，还有勇气、正义、节制、智慧等。而如果我们任由这些意见领袖来营造如同道德文章的可悲公安需求，那就表示我们太不注重我们自身的思想。我甚至可说，我们也太不注重死对头的想法；因为每个人，每分每秒，都在调整自己去做到应有的样子，完全不认同其他标准。

但其实有更好的说法。人性是存在的，是既成的事实。孔德以自然主义者的角度视物，最后终于窥见了这项宏伟的存在；它过于宏伟，以至于我们看不见。孔德将这项惊人的大发现扔到我们眼前，告诉我们文明人是最真实、最有生命力的已知存在。这些言论本可启发巨大的回响，但不知哪来的秘密警察，竟在墙壁上钉了消音软垫。社会学家比比皆是，但在自称孔德弟子的人当中，我没见过任何一人公开讲述这则重大的观念。所有人都规避，把它一脚踢开。若有大学生想复苏这个观点，立即会瞥见他的思想导师脸上流露不耐，并且很快就恼羞成怒。请容我赞美那个高贵的家伙，他没原谅自己的背叛行径。

在此简短介绍这项学说。孔德首先发现今日现有的合作组织不足以定义社会；造就社会的是过去到现在之间的联结。不过那尚不是事件的联结，而是动物性的联结；人并非因为继承了人类的基因所以就能与人社交，而是因为他拥有人的共同记忆。共同记忆意味着重现逝者伟大之处，尤其是最伟大的逝者。这也意味着尽量向这些净化后的形象看齐，崇拜逝者生前所愿做的那种人，要知道，他们在世时，也曾在几个珍贵片刻达成。伟大的作品、诗歌、建筑物、雕像，皆是这份崇拜的目标。对伟大逝者的颂扬未曾间断，作家和演说家无不寻求这些巨大"幽灵"的庇荫，字里行间都提到他们，甚至只是不经意地，留下那些印成所有语言的人类天才痕迹。通过这份崇拜，人才所以为人。假设人忘却了这些伟大的回忆、这些诗歌和华丽的言语；假设人将自己局限在自己的守备范围里，阵营的守备范围里，仅在意警报声响和愤怒狂吼，在意身体被周遭环境压抑出的产物，那么他就是一头动物，搜寻着肉酱，遇到阻碍就嗡嗡振响，宛如苍蝇。

人思考人性，或什么也不思考。孔德大致是这么说的："逝者日渐积累出的重量，不断地将我们不稳定的存在调整得愈来愈好。"请好好听他的话。我们的思想只不过是一段持续不断的共同记忆。任何思想上的吉光片羽皆被供上祭坛。诗句、警世寓言、片段的意象、人所留下的鸿泥爪印，所有这一切奥秘皆是我们思想的目标。所谓国家思想根本不存在，我们的思考有更大的团体相伴。无论直接或间接，我们持续不断地与杰出的幽魂对话，他们的作品，如盲诗人所说，比青铜像更持久耐抗。这个社会丝毫不需营造，它自然成形，累积智慧的宝藏。代代帝国兴亡迭替。

69

> 应该用人性的方式思考，意思是顾及专属人类并已被认可的标记，而非天马行空的想象，而这正是当今一些抽象思想家终究会遗忘的事，因为他们根本不具人文底蕴。

拉丁文

很久以前，因为前无古人后无来者的柏拉图，我一直把希腊文放在最高地位。现在，我倾向于认为拉丁文或许更适合有才之士。拉丁文距离我们比较近，是我们母语的最初状态，光从字的组成形式就能看出端倪。但是，正因如此，拉丁文对我们造成的强烈冲击亦更深切，能更有效地导正我们。它借助的不是思想，而是形式。形式直接关系到我们的生活，因为动作、态度、情绪，总之我们所有的肌肉运动，都立即联结到话语表现，于是这些强势的简练修辞，一个字与另一个字之间的桥梁，维吉尔式的谜语，最终将我们的思想化为姿态举止，正如乡下人的用语表现。人人都有经验：内心真正的想法最初带着家乡的口音。就我自己来说，我冥思时心里说的是诺曼底土语，而非城里的官话。但拉丁文的乡土性还要更深。那些思想完全发自土壤，满载希望。因此我常注意到，希腊文献传授得较多，但拉丁文献孕育得较好。

我的拉丁文程度不错，足以推崇某位优秀的拉丁语学家，甚至定义他的风格。那位大师从来不像人们所想的那样耗损他的聪明才智，至少绝不过早使用。我十分赞赏他，因为他根据文法规则和字词原有的本义去解说意义。当聪巧且总是颇具野心的智力在某个难解的句型结构卡关，那可真是一记当头棒喝。就像这样，它提醒我们应该用人性的方式思考，意思是顾及专属人类并已被认可的标记，而非天马行空的想象，而这正是当今一些抽象思想家终究会遗忘的事，因为他们根本不具人文底蕴。我们所要了解的根本不是想法，而是许多事物和征兆；征兆即是与人相关的事物。我甚至可说，事物，例如太阳、月亮、江河或六月的玫瑰，仍留给我们太大的自由空间，因为它们太清楚显示何以一场漫无目的的梦境，或抽象的思维会受到推崇，而人类的标记却不被重视。外国人永远不会被真正了解，因为他总在解释自己正在做的事，多么可惜！于是对他来说，他变得不知道自己是谁，对我来说也是。幸好默示是一种不变的表示，而且只是一种表示。所有艺术品都因为流露出这种专横的表示，所以能挽留有才之士的脚步，聚集他们的目光。不过，在所有纪录文字中，对法国人来说，拉丁文独占这项好处：它让我们因为第一眼的相似而不敢轻举妄动，一定要先被否定，然后重新拾回。

根据这些观察发现，我们可以了解经验所传达的事物，而最先引发的轩然大波，就是英文版或德文版完全无法取代拉丁文本。这件事，我会先这么看：通俗用法是让我们通往现代作者的钥匙，丝毫不让我们去追究字面意义，于是我们四处搜寻，而这对谁都没有好处。我认为现代思想完全不如古代典籍那么令人期待，延续它还不如驳斥它来得轻松。所以阅读莎士比亚或歌德时总令人感到一丝悲伤；我感觉到，对我们来说，就在此时此刻，有种什么已逝去。现代世界，从他们算起，发展得不够辽阔。

70

> 家庭是生物性的，谁也无法改变什么，法则可以规范许多事，但无法规定心脏的位置要改到右边。

先从静态开始

生理学家说，家庭是一种社会；我不想否认，但这个结构拒绝社会法则，例如正义、法律、平等以及其他各种外来成员。家庭是生物性的，谁也无法改变什么，法则可以规范许多事，但无法规定心脏的位置要改到右边。

"然而，"社会学家说，"如同我们常挂在嘴边的，家庭仍然产生了演变。在我国，父母亲的权力与在罗马的父母亲的不一样。我们可以找到过去一种较奇怪的家庭制度所留下来的痕迹：以往，父亲遭到忽视，孩子的名字由母亲来取；或者，雄性领导者的角色由母亲的兄弟来扮演，现在则由做父亲的来担当。不过请不要以为过去那种制度不讲操守，在那时，雄性领导者和母亲之间若产生爱情，那可是滔天大罪。"

"我知道你想说什么，"阅读爱好者说，"这种多元的风俗变化，人们出于好意，在原始和文明之间发展出的这些奇怪差异，这一切都阻断了人文性。尽管已不下百次，但请容我再度向一项古老的知识致敬：野蛮人会吃掉自己的父亲。而你正将被拆解成块的人丢给师范学校的学生，要他们重新缝合，如果他们做得到的话。"

社会学家说："实情并非讨人喜欢的那一种，我一点办法也没有。像阿勒昆（Arlequin）[1]那样，相信到处都跟这里差不多，多少还是有些愚蠢。彗星的真实状况已瓦解大家本认定是永恒真理的论点。同样的，实证社会学将能打开一片有各种可能性的广大天地。爱因斯坦已经让我们开始使用以前我们不懂得拥有的新联结——我指的是动脑思考的方式。所以让我们解开心结，身段放软吧！"

"很好。"生理学家说，"但这些比喻让我害怕。腿上多一个关节，对纯粹舞文弄墨的人来说，还有更简单的想象吗？可是我们绝不会看到这种状况。一个机体组织是各种条件之间成功达到联结与平衡的奇妙结果。就我所知，变化的可能

---

[1] 意大利即兴剧中的小角色，常戴面具，身着菱形块彩色长衫。

性微乎其微。而且，关于爱因斯坦，我的看法是，他根本没改变任何事情。布瓦斯（Bouasse）[1]质疑他是否该重写光学论文，却没有人回应。当出现大量的静态，朋友们，动力必伴随而来。"

阅读爱好者说："你让我想起，某位叫奥古斯特·孔德的人曾写过关于社会学的看法，他甚至广泛地解释说这门科学需仰赖所有以前的科学，并以它们为前提才能存在。但是大家不难理解历史学家那种诡异的学者，他们狡猾地忽视数学、力学、物理、化学和生物；而若历史学家把社会学纳入他们的领域，岂不好笑？那位孔德还特意表示：畸型的家庭形态，还有怪兽，只能利用实际类型来解释。他还推断了他的社会静态所需的生物条件，在我看来似乎根本没有人要读。至少，大家都应该要知道那是推演的结果，需仰赖一种更难以具象也更先进的科学指引，而这门学问在所有的研究中，都提供了实验的关键，但各位社会学者都忽视此事，若不是开心庆幸，就是傲慢自矜。所以，阁下，我亲爱的社会学家，你很

---

[1] 亨利·布瓦斯（Henri Bouasse，1866—1953），法国物理学家，任教于图卢兹大学（Université de Toulouse），撰写了一套四十五册的物理学论述，序言中抨击法国科学教育制度，也反对二十世纪的新物理学，如相对论和量子力学。

幸运地属于开心的那一群，根本没听我说话，频频看表。时间到了，我很清楚你又该去讲课了：依照各个年代，上一堂关于家庭、建筑、习俗、农业或任何课程。关上教室门之前，再给你一个建议：单独来看，动力一开始很简单，但没过多久就变得无法理解。所以请你先从静态开始。"

　　回应他的是一扇玻璃门的反光。知识贩子露出微笑。

71

跟很多其他想法一样，这个想法突然出现在我脑中，就好像自己正在跨越藩篱，一脚在那边，一脚还在这边；由此可见，设立尖帽警铃确实有其必要。

警告用的小铃铛

小时候我是个坏学生，以后也一直会是。多少次，两个哲学审讯官抓住我拷问，他们头上戴着尖长帽，帽尖上有个警告用的小铃铛，只要我一张开嘴，必被归为异端，而且是些标新立异的说法；我的两位大夫无话可说，总之也不会说什么，因为他们十分有礼貌，但在尖长帽不耐烦的摇晃之下，小铃铛会叮当作响以示警告；第三顶警铃尖帽就放在我面前，保证是我的，只要我乖乖守规矩，他们就白忙了一场。如今，当我再度遇见某个卖尖帽的生意人，他不再给我优惠，而在他那张兜售贩子的脸上，我看到正经的神情，还有一丝烦忧：

那是快倒闭的生意人的典型表情。

但以前那两位大夫轮流发言时，都说了些什么？他们本来该说什么呢？几乎没什么。其中一位说："无意识。无心插柳。"另外一位说："想法的结合。"就像莫里哀的戏剧那样放血再净化，这种方式可治疗所有病痛。所以，如果恰如其分地显现无心插柳或结合的成果，根本不会有不能立即阐明的问题。那个男人也好，这个女人也好。我一直很喜欢约瑟夫·德·迈斯特（Joseph de Maistre）[1] 的名言："自然？那么那个女人算什么？"我仿佛看见他摇着头。如果当时他戴着警铃尖帽，他就不会做这个动作了。

所以，我的两位大夫只是在复诵他们的课程。一位说我们的思想得力于一位看不见的同伴，而当我们知道自己在想什么，一切就已经解决。打从好几个世代以来，通过另一个我，那个我所不认识，但比我更像我的人，而且他或许有自知之明，知道的是他，而非我。"但是，"另一位大夫说，"舆论是什么？难道不是两种勾结在一起的想法？要知道，这两

---

[1] 约瑟夫·德·迈斯特（Joseph de Maistre，1753—1821），哲学家、作家、律师及外交官，在法国大革命之后的期间，挺身为阶级社会与君主制辩护。保守主义人物。

种想法本来就在人的脑子里徘徊；突然间，因为一件微乎其微的小事，其中一种的钩子钩住了另一种的环扣，而就是从那时候开始，你的女儿不再开口。"在这些惊人的言论中，我最赞叹的部分是，我的两名大夫从一端申论到另一端，过程中并未晃动铃铛，仿佛一个参加舞会的女人，全程只顾她的头发是否凌乱。而向上仰望的目光使他们的表情像在沉思，我看在眼里，益发钦佩，于是第三种思想成形。我好比被索邦大学录取的庞大古埃（Pantagruel）[1]，自由自在地摇着头，自言自语："不，两位的思想其实并非无心插柳，亦非钩子和环扣所能解释，真正的缘由是一颗悬在你们尖长帽顶的铃铛。"

这则想法实有其价值；我再三玩味思考，没有一次不察觉其中各种深远的观点。因为，会摇撼尖帽的思想是假的，无论如何都是假的，得到的回报也最少，而本当如此。如果每一顶尖帽上的铃铛都会响，那么人们对那叮当作响的嘈杂会抱有某种想象：那是哲学家的，部会首长的，甚或军人统帅的警铃。尖帽愈高，公正无私的铃铛就愈容易摇响。铃铛响起，群犬狂吠，而粗心的大夫这才晓得，这种想法倘若问

---

[1]《巨人传》(*Gargantua et Pantagruel*) 中的人物，由法国文艺复兴时期代表作家弗朗索瓦·拉伯雷（François Rabelais）所著。

世会多么的糟糕,但它与铃响互相应和。我经常听那些小心翼翼的讲者说话,他们经常急转直下,而我一直很佩服他们能远远地察觉某个危险想法的歧路,不致踏入。但是请更深入地看待他们的谨慎:其实他们一直小心着自己的警铃。为公平起见,我必须说:跟很多其他想法一样,这个想法突然出现在我脑中,就好像自己正在跨越藩篱,一脚在那边,一脚还在这边;由此可见,设立尖帽警铃确实有其必要。

> 正史欠缺发展空间和远景，各机构被轶事淹没；我们应重建世界共通史的概念，如此一来，人文特质将明显地呈现在孩子面前。

奥古斯特·孔德

心理学和社会学一起突击初等教育。社会学介入，这是好事。正史欠缺发展空间和远景，各机构被轶事淹没；我们应重建世界共通史的概念，如此一来，人文特质将明显地呈现在孩子面前。当今官方的社会学家们或许不完全如此认为，但那一点也无所谓。实证社会学的宏伟观念出自孔德，我们的教师应往这个方向动手挖掘。这个论点将以实力赢得胜利。

心理学则是一门基础不稳的科学，由一些喜欢高谈阔论的人和医生各自贡献一点自己的看法，拼凑而成。在此，我敢大言不惭地告诉教师们：别把心力浪费在这门虚浮混乱的研究上，各位根本无法从中得到任何收获。既然，通过社会学的强大观点，教师必将回归孔德的学说，他们也会详细得知这位审慎的思想家对心理学的评价。请勿担忧，这位聪明绝顶的大师很清楚自己要带领各位去哪里。在实证哲学始祖至今仍很新颖的几项发现中，别忘了这一项：个体的心智法则难以察见，只有放在整个种族中才得以显现。所以，如果要讲究字句，应该要说，实证心理学若不发展成社会学的一环，就是根本与社会学无关。不过我想举个例子来说明这些优越的看法，由于它们，现今所有的心理学藏书都该用木杵捣碎销毁。

所有心理学者都被导向思考各种观念的起源，而在这一点上，争论无比激烈，模棱两可的观点层出不穷。误入歧途。只要这些观察者认真读过《社会静力学》(*Statique Sociale*)[1]中那篇不朽的章节《人类语言的实证理论》(*Théorie positive du langage humain*)，想必就能明白，孩子在学会思考之前要先学会说话；或者也可这么说：他在学说话时一面学习思考。由

---

[1] 社会静力学是孔德实证社会学的两个主要部分之一。孔德为社会学规定的研究内容是"秩序与进步"，相应地，其社会学思想分为动力学与静力学两部分。静力学的主题就是社会秩序或社会协调，即社会各个构成部分之间平衡、和谐与稳定的关系。

此可证，他起初思考的是最抽象和最艰难的观念，所根据的完全不是他浅短的物理学经验，而是一种政治经验。这种经验只以人类所呈现出的景况来阐明文字意义。母亲和保姆的屏障长期阻隔在孩子和事物之间，当孩子走出来，用自己的双眼和双手接触实质物体进而探究时，他已经是一位形而上学者、理论家、诗人和预言家了。我们对此无可奈何，但这是一件可喜之事，因为人类因而得以迅速消化漫长的幼年期。

现在来看，人类最初的观念会是什么呢？绝对不是从简单和谐的经验所汲取的想法，相反的，是一些疯狂的点子，来自始终模棱两可的政治经验，而且立即鲁莽地延伸到星星，立即被赞扬、歌颂、崇拜，与从经验而得的教训唱反调。通过民间故事与神话，我们对人类幼年期这种大胆随兴的思想有些许浅薄的概念。但是如今的社会学者受到孔德的激励，已将空乏的拜物主义研究推展得非常远。的确，由于规避了大师那令人激赏的整体精神，他们根本无法从那些野蛮的想法中辨识出自己的思想。这就是我为什么会对那些想长知识的人说："请把奥古斯特·孔德的著述当成《圣经》来读，十年后，你就不必把索邦大学那群人放在眼里。"

73

> 一架走音的竖琴和调好音准的竖琴之间几乎大同小异。在正常人身上，一切运作就好像竖琴本身会持续校准音高。

孩子的认真本性

初等教育已向精神科医生投降。我们知道他们把理性的人类改造成疯子，错得多么离谱。根据机械原理，的确，一架走音的竖琴和调好音准的竖琴之间几乎大同小异。在正常人身上，一切运作就好像竖琴本身会持续校准音高。因此，一般人能克服机械的强大，轻松愉快地面对人类的行为成果，不像疯子翻滚下坡，并因为一点小小的差异就超乎想象地脱离理性甚远；精神科医生的话语，我们听来似乎还有一点意思，但对他们自己而言完全没有意义。所以有那么一段落差，若精神科医生不够卓越，就看不出来。然而卓越的医生，或许比伟大的音乐家更稀有。

有些孩子不太正常，人们想用迟缓儿来称呼他们，而这个称呼并不适当。这背后藏着一个美化表面的概念，但其实完全不足以解决问题。因为，所谓发展迟缓的孩子好比一个年纪更小的孩子，只是长到了七岁左右却还在嗷嗷待哺的状态。但事情没有那么简单。在我们找方法教他颜色的时候，在我们测试各种方法教他颜色的时候，正常的孩子有惊人的跳跃性发展，并以主宰的心态去征服世界。若教育者还在装小孩，小大人心里已经轻视他，干脆也装起小孩去讨好他。然而医生把迟缓儿们聚集起来，努力教他们一些东西，这样的举动立意良善。但是，当他成功地敲开那些叛逆的记忆，调教不稳定的专注力，便以为找到了教育的秘密，还要我们参考。而且，学校老师所做的一切，在医生看来都没有重点，或过于早熟。于是出现了那些可笑的研讨大会，医生把教师们当小孩看，要他们学孩子拼 b——a——ba。

比方说，首要之务是将迟缓儿分类，以便确实了解他们的程度。有人听见单字可以联想所指的事物；有人看见姿势或动作时可以联想到事物；有人看见一般的相近事物时会联想到某事物（例如看见锯子想到森林），还有人看到了却也想不到；有人能模仿起来，却不再继续，也有人持续下去。依此类推，我们都能区分。有人只知道可以坐在椅子上，另一个则晓得若椅子倒了要扶起来，于是出现了那些"测验"或试题，指点我们应如何对待这些人类幼崽。但小学生反而对医生加以嘲笑。

他们到我们的学校里四处推销各种惊人的发明；惊人，因为支持那些发明的论点，也因为可信度。其中有人想象出一个关节能活动的纸板人，能折出各种姿态，代表字母和数字，说实话并不怎么像。另外有人要我们在咬字发辅音时配上某种相关姿势，像是发"n"这个音的时候捏鼻子，发"m"的时候拍胸脯。预知详情，请大家去读布瓦尔和佩库歇的故事；那两个家伙为了记住希尔佩里克（Chilpéric）这个名字，模仿"ric""ric"的油炸声来做练习。这些发明家与医生是一丘之貉。孩子们并不觉得那些教法让他们特别不舒服，一样照单全收。而我却看见其中有不当之处：首先，对已经很忙的老师们来说，这是在浪费时间；除此之外，上这种课的孩子几乎从来没有发挥实力用功，辜负了他们的期待，我甚至敢说，辜负了他们最美的未来展望，因而养成了一种观念，以为学习并不困难，学校里的课业只不过是按规则进行的游戏。这会造成一种有方法的注意力涣散，以及冠冕堂皇的早衰，在大名鼎鼎的儿童乐园里，我惊讶地察觉到好几种相关征兆。不过孩子的认真本性终会获胜，幸好他的志气比大人所设的标准高。

> 74
>
> 人是一种孤独的存在，一个单独的社会要靠知识和对人文性的崇拜，尤其要尊崇人类中伟大的佼佼者，才能达到道德境界。

大器的社会学

小学教师翻阅着一本社会学教材，据我所知，那是特别编给他的使用书。我发现书本上满是认真阅读的记号。我所认识的这位老师是个不迷信、满腔热忱、执着并且严谨的人。我瞥见他的脸上仿佛冒着一层不确定的迷雾，随后又一扫阴霾，正面迎向问题，恢复平时的模样。他问我："如果你有个任务是给小学教师上社会学的课，你会怎么做？"

"完全不麻烦，"我对他说，"一点也不难。我会把孔德的四册《实证政治体系》(*Politique Positive*)重新读一次；至于六册《实证哲学讲义》(*Philosophie Positive*)，我只需牢记仍十分鲜明的现有记忆就够了。在这庞大的结构中，首先我会以热身的角度来看科学的发展后续及历史，那同时也是宗教的历史。我会强调：所有关乎人类和世界的人性概念，一开始皆具有神学色彩，因为童真与想象总是一马当先。因此，让孩子了解为何第一个浮现的念头最不真实，是非常重要的事。宗教即因此被归入自然事物之列。举这个例子说明社会学与历史的差异之后，我就能导入另一个观念：社会学是所有学问中最复杂的一项，与其他所有科目关系密切，亦是最后一门脱离神学的学问。以同样这个观点来纵观所有知识及其缓慢的发展，对我来说，亦是一个社会学研究的例子。因为，各门科学的发展与政治及道德的进步息息相关：从初始的神权政治到军事文明，最后到工业文明，亦即我们所处的时期。

这一切用三到四堂课结束，因为我会遵从整体的精神，根据大师所述，逐步介绍他的三项主要理论。首先是关于家庭的理论：家庭是所有社会的基本单位，借此机会可说明社会学为何取决于生物学，顺着这条脉络，我会描述恋物行为，视之为社会的第一场磨炼。然后我会带到国家理论，而在这个充满陷阱的主题上，我将尽可能忠于我的大师作者，阐扬他的思想：国家这个文明阶段将人类拉出家庭之外，以更广泛的感受跟他交流，几乎与生物性的感受一样强烈。这是在训练他去懂得并喜爱全体人类。就这样，我来到这个题目的主要原则。我会根据热身课程所做的准备，解释人是一种孤独的存在，一个单独的社会要靠知识和对人文性的崇拜，尤其要尊崇人类中伟大的佼佼者，才能达到道德境界。讲解完这个部分后，我只需要照本宣科，念出实证主义日历[1]，仅稍微简化，给我的听众一份年度纪念行事历。通过这份年历，学校可实际参与真正的人性思想，所有课业、阅读、书写、算术、历史、地理、品德，毫无例外地依序遵循这一位位模范教师的教诲。"

"太好了，我喜欢。"他说，"但在这本教材里，你刚才所说的，我一个字都找不到。它让我不由得大吃一惊。"

我告诉他："这是因为社会学有两种：大器的和小器的。小器的社会学，第一，绝口不提科学的秩序，竟能忽略原始及较简单的科学，真是令人佩服；第二，关于家庭，小器社会学坚持顾及野蛮的风俗，以惊吓自己和惊吓别人为乐；第三，关于国家，小器社会学所持有的态度和参谋部的教条差不多，认为社会的地位相当于人类的一位神明，整个道德精

---

[1] 孔德曾于1849年编制一种日历，一年十三个月，每个月二十八天，每天都以历史上各领域的著名人物来命名。

神在于感受并崇拜社交关系。从这个角度来看,社会学形同政府的官方意见,并顺理成章地得到政府支助。至于人性,小器社会学并不在意,或者应该说,把这个部分推延到更美好的未来,到那时,繁杂大量的事实应该已经过筛滤,建立档案,毕竟,整体精神已借由这种历史悠久的方法严格制定。"

"正是如此!"他忍不住嚷了起来,"这下子我有了读这本教材的捷径!"

75

> 真正社会学家的初衷,以及赋予各个部分、细节及时刻意义的,正是人性本身。

社会学与人性

那位教师问我:"社会学究竟是什么?这个最新的、庞大的,而且就像是如果不懂,就一无所知什么也不懂的奥秘,究竟是什么?如此专横的野心可不是针对野蛮怪论发表几个看法就能办到。那些人要往哪儿走?改变政治吗?但是想往哪个方向改?目的何在?还是说,那只是一股潮流,终究会过去?"

我回答他:"社会学在目前成了一种宗教狂热。孔德确实创建了一派伟大的学说,有如我们情感和思想的物理学。人只有处于人类社会中才算是人,而这个社会与太阳系一样是自然且不可避免的体系,我们需要与它一起好好运转。若是不具实际科学的知识，这些恢宏的观点令人难以接受。既然人们长久以来崇拜太阳和月亮，便也很有可能根据第一运动定律，直接去崇拜社会。这项对社会的需求对我们而言如此接近，如此亲密，如此感人，为了掌控它，实证精神亦不可或缺，而这份精神需通过天文学、物理学、生物学等一系列科学逐渐形成。比方说，被生物遗传学压垮的有才之人并不在少数。因为他们对这项学识不太了解。表面上，物理和化学教我们的是通过一种简明粗浅的观点，看这些推动我们的巨大原子旋涡所受到的支配。事实上，这些科学教我们的是能量。正如培根所言，人类战胜大自然的方式在于服从大自然。不过我们必须知道得很深入，而且正确，而且要知道很多，才不会对物理化学失望。同样的，更理所当然地，从事生物学研究需要强大的脑力，而且要具备基础。这副头脑要真的懂得照料与治疗，想象自己患有各种疾病，到处看见细菌，却并不十分惊吓。还有更厉害的：社会学的新手学徒对这座庞大的器官组织感到害怕，感到他只是其中的一颗卑微可怜的螺丝钉。他没有试图了解，而是装模作样地说教和朗诵，他成了先知，成了深信不疑的信徒。"

"人们对于涂尔干（Durkheim）[1]的评论颇符合这个观念。但孔德本人难道不是某种密教主义者或有宗教幻象的人？"教师说道。

"关于孔德，"我回答，"谁都不能信，只能相信孔德的著述。总共只有十册，通过百科全书般的知识学养，纳入了所有一切，甚至包含真实的密教。但孔德本人已非常清楚地预见，如果科学任凭纯粹卖弄文采的人操作，可能会变成什么样的新形态。无论是谁，只要不懂天文学、物理学和生物学，当他谈论社会学时，绝对不要相信他。可悲的宿命论；可悲的宗教狂热……"

"如果我没想错的话，"教师说，"这完美地回应了战争所带来的悲惨经验。因为人们在当时很容易受到宗教启示，也很容易陷入失望，却也并非没有一种野性、不人道的快乐，特别是那些不去实践，只空想和感受的人。你让我想到蛮族这个现今社会学家消化不了的丰富资源，野蛮人正是这类宗教狂热分子，疯狂地注重传统、喧闹嘈杂、模仿、扔出意见，

---

[1] 埃米尔·涂尔干（Émile Durkheim，1858—1917），法国社会学家、人类学家，与卡尔·马克思（Karl Marx）及马克斯·韦伯（Max Weber）并列为社会学三大奠基者。

这一切皆因为对于所有相关领域,他们缺乏真正的知识。"

"我们谈及重点了。"我告诉他,"在此,我们需要的是冷酷的双眼,是实证态度的精神,绝非说教和自以为是。毕竟,感受自己身上的细菌和遗传特性如果算是危险的事,那么,承认自己的狂热激进,社会怪兽的存在及强大,就更加危险。不迷信是所有科学的工具。但是,我们那些准备不足,相信天文学却对天文一无所知,相信物理却对物理一无所知的社会学家们,在此能做什么?"

"我懂了。"他显得有些怀疑地说,"可是,如果我准备概略描绘实证社会学,难道没有其他该谨慎注意的规定?""有的。"我回答,"孔德早已发现,社会学的精神其实就是整体精神,这即表示要对抗一切专精的研究企图,支持只有一个社会的理论。真正社会学家的初衷,以及赋予各个部分、细节及时刻意义的,正是人性本身。可以确定的事实是,若是没有泰勒斯、托勒密、喜帕恰斯(Hipparchus)[1],科学不会有现今的规模;若少了来自犹地亚(Judée)[2]和希腊的重要改革,

---

[1] 喜帕恰斯(Hipparchus,约前195—前125),古希腊天文学家,有"方位天文学之父"之称,创立星等的概念,亦发现了岁差现象。
[2] 别称耶路撒冷山地。

现今的风俗应该不一样；如果罗马未曾征服高卢，我国的法律想必不同。所以，我们绝不仅是这片土地之子。请读孔德吧！你可以见识他如何写历史。至于蛮族，拜物这个观念，依照实证派大哲忠于比较方法所做出的描述，恰如其分地阐明了他们天真的信仰。不过，他的几位忠实弟子从来没机会上台公开宣扬其理念，除了他们之外，孔德已被所有人遗忘且遗弃。谁会相信实证精神仍是人道复兴的最佳指导方针？"

76

> 知道却完全不懂得应用其所知，这比不知道还糟。

正确的精神

考试是意志力的锻炼。从这点来看，所有考试都精彩也都有益。有些人找理由原谅自己，声称因为紧张而胆怯、烦乱、脑袋空白。这种借口很糟糕。期望过高，过度害怕，总之完全无法拿出魄力掌控自己，这些失误其实是最大的错，或许正是唯一的错。对于不懂的人，我还能放他一马，或者更进一步，我会去找出应试者知道他错在哪些地方，然后鼓励他往那方面深入钻研。可是，一个明明已经精通明白的男孩或女孩，本来可以对答如流，却因为太过恐惧而陷入愣在原处的状态，面对他或她，你要我作何感想？在无关输赢的时候，要好好推理思考太容易了。先用这个方式着手练习，很好没问题。学校看上去是很美好的地方，因为在那里犯错从来不会导致严重的后果，只不过浪费几张纸而已。但是若有个男孩已经做过上百道综合题目，再也不觉得困难，在考试当天，面对相同的问题，却竟然失去推理能力；或者，本来已经找出正确答案，却突然像昏了头似的，全军覆没。这样的经验可真丢人。同样的道理，有位枪手拿纸板野猪打靶，训练成绩斐然，有一天他必须枪杀猎物以拯救自己的生命，却在那一天射偏了。知道却完全不懂得应用其所知，这比不知道还糟。不知不懂没有关系，并不致显露任何心智上的缺陷；相反的，情绪上的失误揭示出一份教养不足的心灵，我甚至认为那是不正确的精神。

何谓正确的精神？请斟酌这个强烈却又如此自然的用词。这个说法要表达的意思是，当一个人在他已熟知的事情上出错，其实是受到傲慢心态的刺激，他自认已达巅峰，就像那些专横的孩子，从来不知道等一等。在一般的法文中，也用"那人被自己蒙骗"（un homme se trompe）来表示他出了错——这个用语形容得真好。出错之后，他才使出全力扑向自己脆弱的思维。然而，若我用同等激烈的力气去开启一道很难开的锁，那副锁必然有所防备，并牵引调整我的动作，非我所能控制。我的思维并非站不住脚，反而只有我能承受它，只有通过控管良好的专注力，思绪才会诞生，才会保存，甚至可以说，只有欲望会使它灭亡。任何一点傲慢或野心的迹象都会让我们变得愚蠢，这或许是人类最严苛，也是最不为人知的法则。

家庭精神深入来看其实是野蛮的。那是强烈情感的效应，理所当然地认为一切都是他们应得的。当孩子大部分的时间都根据这种心意策略生活，后来他总会重视友情，寻找情谊的征兆。于是，当他独自在应考教室内，远离那种习惯拥有的温暖援助，简直就像在接待室苦等机会求救的人。或可这么说，他凝视自己的无能，这并非好事；更糟的是，他因为得不到爱而愤慨起来。他等着展现野心的那一刻，在那一刻，他将受到欢迎，虽然他并不够资格。然而他将等待很久，将一直等待下去，因为人类的世界就靠卖苦瓜脸骗人，但他一直在等各种服务，以及政府发挥价值。这就是为什么考试这个关卡既有效又公平。尽管是些简单的装腔作势，连这个都无法克服的人以后什么难关都过不了；不是因为懒惰和无知，而是由于一种自命不凡，以及这声声不厌其烦的呐喊："我！我！"然而，这喊声会打动一位父亲、一位母亲，有时甚至能打动平庸的教授，或暂时性地打动任何人；问题却依然装聋作哑。

77

> 没有任何人会轻视自己的批判,这一点从常发生的争论即可看出;而我甚至相信,平庸至极的人会觉得自己更像一位帅气的诗人,或一位强而有力的演说家,而非一名百战百胜的拳击手。

小学生的整体精神

我完全不反对全国总竞试制度(Concours Général)[1]。那是一种按规则进行的游戏,如同用球比赛或拿拍子比赛。我们知道身手不灵活、不懂得抛球或回击的人,正好是最佳观众,他们讨论每一记击球,全心全意地对冠军喝彩,不带一丝嫉妒。同样的,有那么一大群小学生也形成一个业余爱好者的圈子,几何学、拉丁文翻译或法文演说,各有所长。要知道,

---

[1] 法国创建于1747年的全国竞赛,评选中学及职校中各科目最优良的学生。波德莱尔、韩波、雨果都曾得过此奖。

一个完全不用功而且成绩不好的小家伙，几乎总对实力最强的那几位有意见，于是恰好适合分析预测，甚至在某人或另一人身上下赌注；另外也不该忽视欣赏赞叹的快乐，在青春年少和所有人身上，这种幸福感皆非常强烈，但首先应训练孩子去感受它，这是隆重气势所做的贡献，一方面也唤醒了整体精神。这种感受与兽性十分接近，必然走向愚蠢、不正确、暴力，但这感受也很强大，解救个体摆脱其自身的悲惨、屈辱、妒羡和烦恼。而且，根据我的看法，慷慨之心即在此寻找出口。这种盲目的美德几乎造成人类所有的苦恼。

田径比赛，借由比赛项目的严苛与真实，已净化了各种形式的雄心，这一点不言而喻。但若辩称一般人只对拳打脚踢感兴趣，则沦为愤世嫉俗的论点，不坚固可靠，甚至一点也不切实际。没有任何人会轻视自己的批判，这一点从常发生的争论即可看出；而我甚至相信，平庸至极的人会觉得自己更像一位帅气的诗人，或一位强而有力的演说家，而非一名百战百胜的拳击手。因为关于拳击，人们没有什么可说，只能赞美旗鼓相当，但对于精神性的事物，大家就敢发言，而这些话听起来悦耳。所以，在竞争、模仿和赞美这些赛事中，设立最高、最受景仰以及最接近的目标，好处不止一点点。整个思绪时时处于领悟的状态，而第一份感受即囊括所有可能的想法。那个天才以话语留下的记录，正是我们每个人都想说且差点说出口的。

在学校排名中，惹麻烦的是后段的差名次，而非前段好名次。后段生认证并评估中段的庸才，还有自己身上的标章。我比较喜欢让最突出的一两位戴上桂冠，然后将其他所有人一视同仁。这些人就像密密麻麻且难以分辨的一大群同龄之人，所有人都获准得到赞赏的荣幸。感觉上我已多次观察，而岁月一点也没抹去痕迹——每个人都自夸曾经与某位赢得所有桂冠的同学坐在同一排读书。若从负面的角度来看，这种感觉颇为可笑，只不过是虚荣加幼稚。然而，平庸的学生的确曾用某种方式，甚至十分密切地参与这些功课，并欣见其成果。他读的是一样的作者，一样的书，一样的话语，所有企图都具体成形，化为这光芒四射的成就，再怎么模糊隐晦的想法都明朗起来，而且条理井然。这就好像一个艰涩难句的真正意义，或一则难懂思想的发展实况，忽然为还在路上停滞不前的人照亮了心底的想法。模范作家比较遥不可及，模范同侪则十分熟稔亲近，由于那份尚称新鲜的天真无知，那些所有小学生都会犯的错，还有共同相处时的单纯，奇迹或天之骄子这类想法完全被抹灭。这种来自小学生的批判，拉近与得奖者的距离，却一点也不贬低他的荣耀；相反的，他能提升其他人克服放弃课业的可悲念头,那是这个年纪最糟的损失。只是,必须承认,这种因心悦诚服而产生的与有荣焉之感,本身可能是脆弱的,需有整体精神来支撑:欢呼喝彩,颁奖典礼,首先以外在的方式和一种无与伦比的能量扫除悲伤、屈辱和不甘。于是,大家都将学会以他人的目光为自己的想法欢呼喝彩,训练之法就从懂得阅读开始。

78

> 年轻人努力谈论他并不知道的事，因为这么做没有危险；他也致力为从来没读过的书做摘要，因为众所皆知，伟大的读者对小孩来说十分危险。

摇撼大树

考试的时候，老人坐在桌子这一边，年轻人坐另一边。年长者至少多出一倍。注意力，不必赘言。年轻人集中注意力，模仿风霜皱纹使自己看起来老一点。老年人不甘示弱，偶尔做出灵活的举动，还有显现矿物质足够的猛然弹跳，这是为了吓唬人。而年轻人利用那种经常可见的、介于克服恐惧和按捺怒气之间的模糊情绪，也假装被吓到。这一切大致构成一种社会秩序，由较弱的一方使出非常古老的狡猾手段解决所有问题。根据流传的民间故事，有些蛮族命令老人用双手攀住树枝，吊在树上任人摇晃，借此辨别哪些人还有活下来的权利，但那只是一种象征，绝非事实。在任何社会中，老年人都稳坐树头，而且禁止摇晃。

苏格拉底则席地而坐，而且满意这个位置；但偶有几次，他伸出军人的臂膀，为了好玩而去摇晃那些握着权柄的老人，也打落了几个已经开始往上爬的年轻人。这个有趣的游戏，年轻人玩得开心，另外那群人可不太高兴。这游戏最后以毒芹汁收场，那是一种镇痛剂。而谁不知道，与其命令这个老人一次大量饮用，结果造成一起惊天动地的死亡丑闻，让所有明目张胆的滋事者，从婴儿时期起就偶尔一次喝一点，应该更为得体？考试的目的别无其他，就在于检测不断诞生的年轻苏格拉底们是否规律地饮用极少量的毒芹汁。

如何得知？只要对这些年轻人提问。这些问题不止一次撼动世界，摇晃有奶酪可吃的人们所栖息的大树：宗教、正义、道德标准等级、以人为本的文明，都是些不该问的问题，考试的时候却偏偏要问。为了鼓吹人们去摇晃大树。而我们可借此得知，那些真的摇撼了大树，或只是在爬树时动摇了枝干的人，还需要喝更多微量毒芹汁。

所以，年轻人努力谈论他并不知道的事，因为这么做没有危险；他也致力为从来没读过的书做摘要，因为众所皆知，伟大的读者对小孩来说十分危险。如果人们看见挣脱了枷锁的柏拉图，甚或笛卡儿，甚或康德，看见他们如在世时那样，宛如阵阵狂风摇晃各种树木，那将激起一场天大的公愤，打落一堆石化的果实。不过，也有些书本摘要完全或微量浸淫在毒芹汁中，而用这种没有立即催人老化之危险的养分，不可能制造出任何不合宜的东西。

再谈谈身份地位。假设这些赤身裸体的人复活了，他们可丝毫不是思想家；不，反倒像是伐木工。否则还能如何称呼？他们藐视现有秩序，牵强地认为它隶属完美的自由人——其实只是爱好自由的人。于是，就我的了解，用化学家的说法，这种社会学有如细得摸不出来的粉末——毒芹化合物，人们想用它来灌溉各种思想，理所当然地带有颠覆性的思想。一旦把人当作目的，什么也不会成功，老人说；但若把社会当成目的，则必诸事顺利。

79

人是一种暴躁的动物，轻易扑向最悲惨不幸的境地，有时甚至只是为了摆脱枯燥的等待。

请练习尽可能地支持对手的论述

"说给孩子听的世界大战"，好个漂亮的标题，但在这标题之下的是什么？善意的谎言？抑或是赤裸裸的真相？在此，我看见我们那些政治人物有如野蜂一般鼓噪不休。我认识几位，他们更厉害，自称历史学家，针对这个棘手的题目，总要再三斟酌，才勉强写出一个句子："重要的不是知道那是真是假，而是知道我的国家是否变得更好。"正因为这种逻辑，德雷福斯（Dreyfus）[1] 被定了罪。幸好，同样这批人，在自己

---

[1] 阿尔弗雷德·德雷福斯（Alfred Dreyfus, 1859—1935），法国犹太裔军官。1894年，因其犹太裔身份而遭误判叛国，多年后才获得平反，法国社会不得不正视自身反犹太主义的传统，史称这一事件为"德雷福斯事件"或"德雷福斯冤案"。

_275

亲眼见过的事情上，皆像公羊一样低头抵挡，声称："我一个字也不会改，如果那些盲目的志愿军不喜欢，那是他们活该！"同样一个人，经常出现这样的矛盾观点，而教师却根据这些来写他要说给孩子听的故事。而不死的彼拉多（Pilate）[1]将再问一次："真理是什么？"怀疑论是一种优雅的背叛方式，对，在过去，我十之八九会这么说；但现在，对于聪明智士的滑头、灵活操弄的功夫，我有了更多认识，百分之百，我一定会这么说。

当然，没有人有资格详细地重新描述那场战争，并说："当时的状况就是这样！"所以，以后我们只能读到一篇篇抨击文章，赞成开战还是反对，支持传统政治还是反对？抨击文！让这些孩子读，然后当这场重大审判的意见法官该怎么做才好？无论如何，写故事的教师必须知道，他可以从诺顿·克鲁（Norton Cru）那本名为《见证》（*Témoins*）[2]的书中得到许多

---

[1] 罗马帝国犹太行省的第五任总督（公元26—36年在任），判处耶稣钉十字架之人。传说审判时，耶稣说："我的使命是为真理作证，我为此而生，也为此来到世上。凡是属于真理的人一定听我的话。"而他反问耶稣："真理是什么？"

[2] 法国作家让·诺顿·克鲁（Jean Norton Cru，1879—1949）的作品，书中检视第一次世界大战士兵证词的真实性。

启发，这本书已开始在全世界引发关注。我并不打算用几行文字去评论这部巨作，尽管我已专注仔细地读完。有人看出书中的错误之处；而人人都察觉得到作者对战争抱持极强烈的反感，立场鲜明，凡可能暂时美化战争，或者稍微让战争没那么难以承受的色彩，皆被排除。在这本书中，步兵批判参谋长官，在这些书页中，我个人的激昂情绪得到精心挑选的补给。但在此，我要把以前我经常给别人的建议保留给自己用："请你练习尽可能地支持对手的论述。"这种强效有力的方法得自苏格拉底。这本书中，步兵们的回忆，例如佩扎尔（Pézard）或戴尔维（Delvert）的，应该根据皮耶弗（Pierrefeu）[1]的《指挥总部》(*Grand Quartier Gu*) 做修正，后者这本书描绘出指挥中心的想法和高昂的热情。我们不会再讶异于指挥长官们无视淤泥、疲累及战场的实际状况，冷酷地对着电话筒下令："不惜代价，收复失土。"相反的，我们会努力去了解另一种形态的勇气，反对滥用同情的勇气。然后我们会自问："那时他有别的选择吗？"因为很清楚地，执行者无权批判他可能要尝试去做的事。毕竟这场恐怖的游戏有其规则。因此，非

---

[1] 让·德·皮耶弗（Jean de Pierrefeu，1883—1940），法国记者，于一战期间担任中尉，他的作品《指挥总部》中记录了战时指挥总部的大小事。

常重要的一点是,要全盘考量,就像对待一部机器一般,深入探讨这整个铁石心肠的系统:它显然不把人的血肉看在眼里,活生生地压榨、撕裂,仿佛人就是这项用途所需的材料。

通过这些方式,我们将有描绘战争真面目的途径,那么我们就能保障和平吗?我什么也不敢相信。人是一种暴躁的动物,轻易扑向最悲惨不幸的境地,有时甚至只是为了摆脱枯燥的等待。我只会说,必须知道自己想要什么。在著名的腓特烈时期[1],一个文人可以被各种肤浅的荣耀叙事冲昏头,再加上一瓶美酒就全部打发。他签了名,却不知道自己订下什么契约。赣第德(Candide)[2]一点一滴地体验了这痛苦的经历。我不认为征兵的方法有了多大的改变。每个人只需问自己是否愿意去当征兵召集人,说穿了就是去迷醉那么好骗的年轻人,目的是训练他们参与一场恐怖的历险。什么?如果我能在赣第德开始饮酒之前拉住他,是否就不必向他血淋淋

---

[1] 腓特烈二世(Frédéric II de Prusse,1712—1786),史称腓特烈大帝(Frédéric le Grand),普鲁士国王、军事家,欧洲历史上最伟大的名将之一,启蒙运动的重要人物。
[2] 启蒙运动时期法国哲学家伏尔泰所著的一部讽刺小说《赣第德》(Candide, ou l'Optimisme)中的人物,于1759年出版,借由赣第德的流浪故事抨击乐观主义。

地描绘行军、饥荒、污泥、突击和暴政?抑或应该把人当成马匹一般训练,蒙住它的眼睛,治疗它的恐惧?传授勇气原来是这样的吗?教导难道等于欺骗?心中如此相信的人永远也不敢说出口。于是,他们做了什么,也一样不能承认。是否能对自己坦承?然而权力机构的胆怯迟疑完全骗不过我,这是我们唯一的武器。知道这一点的人,即已打断锁链上的一环,整条链子很快就会散掉,只需再拿出一点耐心。

80

> 我们最高尚的情感自然也是最脆弱的情感。人类应学习去爱。

自私与利他

公民道德课程满布荆棘。我指的不是危险,只是题材本身所带来的困难。企图心强大的课程会有这样的典型缺陷,他们什么都想教给孩子,甚至是连大人都得费很大的劲才能懂的东西。此外,情况很清楚,权力机构一直不断地希望我们能教人民一些与现有政策相关的课。如果服从照做,那是狂热崇拜;如果反抗,那还是狂热崇拜。或许只有热情能对抗热情。无论如何,我们可以摸着良心说,任何狂热崇拜对孩童来说都不好。

在这个主题上,讲求实证理论和理性的孔德表现最优秀。我们可以依循他的思想,把他的想法转写成适合孩童的程度。总之，避开暗礁的同时——在此指的是他人和我自己的情绪——我这样驾驭我的小船。大家都轻视自私的人，那人只想到自己的利益，只确保自己安心。孩子有时会表现得大方慷慨，甚至有点英雄主义，因为受了整体精神影响，他服从同侪相处的法则。比方说，他宁可被骂或受罚，也不愿对老师供出做错事的同学。这样的例子大家都很熟悉，里面的人很容易表现出一种刻意盲目的狂热崇拜；因为老师牵涉到孩子们的利益，而他们自己也很清楚。不过，在这个例子中，应该凸显的还有一种真正的勇气，一种神圣的誓约，尽管没有说出口，但孩子也绝不食言。这种社交情感使他与其他同学相连，早已荣辱与共，孩子因此被提升，超越了动物性的自私心态，会为他人生活及行动，发展出各种实际的美德。

这种狂热崇拜一点也不坏，而家庭内部的狂热崇拜则自然得多、强烈得多，而且在全世界都被赞扬。两者间的比较颇有意义。无论事实如何，人们绝不批评自己的父亲或母亲，不管发生什么事都发誓爱他们，蒙蔽自己的眼睛。不揭发他们，绝不忤逆他们。在此，社交情感的成分比另一种崇拜强烈，也更理所当然。更显而易见的是，天生的自私被克服了，人们超越了自己，奉献自己。甚至，在这个值得注意的状态中，可窥见自私与利他混杂得多么密切，而自私还将那种强烈的，甚至可说是生气蓬勃的特性传染给利他主义。孔德有一重要思想如下：我们最高尚的情感自然也是最脆弱的情感。人类应学习去爱。

同样的道理，且同样依循孔德的思想，我们应该把爱国情操视为用来将我们的利他情感从这种麻木状态中唤醒的适当工具：工作及对事业的担忧总让我们以自己和自己亲近的人为中心，利他精神因而潜沉深埋。所以亦须用真正的色彩来涂绘这份具有感染力的热忱，通过公开演讲、庆典、纪念活动，很容易就能蔓延发展，如奇迹一般地将巨大的恐惧转化成深厚的友谊。那时，人们不再想去批判，蒙蔽自己的双眼，忘记公平正义；至少有那么一刻，满怀喜悦，投身于其他美德：勇气、坚忍、忠诚。人们没想到原来在自己身上，这些性格如此强烈，于是觉得自己更优秀。权力机构什么都敢做，几乎不怕任何危险。这种狂热崇拜应与所有其他的一样受到批判。刻意的盲目不容否认，但也必须承认这么做确实引出伟大的情操，以及忘我的时刻，人因而得到文明教化。若想制作一幅真正代表人类样貌的侧写，此处将树立几位英雄楷模，但要小心别与权势人物混淆，后者很容易自我陶醉，仿佛卑微的执行人员自我膨胀，不计任何危险，竟至产生为他人生为他人死的微妙情感。这尚称不上正义，但至少是达成正义的工具。

所有酝酿中的真理都如此大同小异,所以应该评判价值观,并且与四海皆同的情感达成共识,表明国家的价值并非至高无上。不过,只要有点常识,便足以认清国家经常忘记正义,权力机构常失误犯错,可说是几乎每次都错,原因是以下这个显然败坏道德的想法:强权被摆在正义的前面,所以出现了那么多的帝国和那么多的征战。而如同历史所显示,些许善举之中掺杂了大量恶行。因此,人们将得出结论,始终与四海皆同的情感达成共识,认为所有称得上是人的人,都该在自己心中保有一个能自由评判且不可动摇的部分;如他们所说的,可将国王放上他公正无私的天秤,最后辨认出正义英雄的最高美德,无论他的种族或国家。人性将常驻他心中,他发愿,想将它传遍世界。

这就是全部的想法,完全是普遍的心声,在此可充作教材文章。基于一种自然产生的谨慎,避免把自己情绪性的字眼传染给孩子,在我看来,应小心不再多加赘言。可确定的是,我们也不可能少说什么。

81

没有任何理由可让一路飞黄腾达的人养成必要的美德，防止他过度自信，却有诸多因素能让他在往上爬升时失去这些美德，即使他曾经拥有。

服从与反抗

我教导服从。脾气火爆的读者马上会想冲着我说：你本来就是靠这个吃饭。确实如此。但如果我们那些大人物愿意听我怎么讲解服从，应该会认为他们把钱投资到了错的地方。那个族群贪得无厌，他们难道不想借着服从得到尊敬，甚至爱戴？那么，火爆的读者，我们来算算账吧！把他们和我，以及你与我之间的账算清楚。

所有权力都是绝对的。战争已让我们明白了这件事。没有执行者的同意，行动不可能成功；而一旦他们拥有全世界最强的意愿，却只会同意迅速执行命令，不让任何下属有兴致去批判讨论。有什么可说的呢？只能认同当长官面对拒绝甚或只是迟疑，就应该强迫下属服从吧？这会立即招致新一波的威胁，而只待危机一过，该马上祭出最严厉的处罚，若不够严厉则威胁显得荒谬。有些人轻易就接受战争，视之为可能发生的事，我佩服他们此时却提倡人道和正义，仿佛在敌人逼近时，还能有闲情逸致讲求人性和公平。人要有自知之明。

和平根本不存在，因为敌人不止一个。这就是为什么所有大权皆操在军方之手，水火不兼容，街道封闭。你询问原因，但卫兵也不知道。于是你提出公民的权利，想要过去。卫兵以军人的方式阻挡，请求部队支援。倘若你发怒反抗，你会被痛打一顿；假如你掏出武器，卫兵会先声夺人，把你给杀了。如果权力单位没下定决心强迫服从，就等于失去了权力。如果公民不懂这一点，在心生恐惧之前不先支持这强大的机制，就不能维持秩序；战争的威胁已蔓延每一个街角，旁观者挨打，正义荡然无存。

很好，这就是法西斯主义所真正封锁的事态，正是许多人强烈感受到的情况。但必须深入了解，划定范围；必须设限、控制、监视，批判这些可怕的权势。毕竟，如果人能做任何事且不受控制，没有人会为了自己热爱之事牺牲正义，更别说还理直气壮，因为力量强大的人相信自己。这就是为什么，如果文明百姓们铁了心，非要持续顽强地反抗权威，公民的服从恐怕令人忧惧。但要如何反抗？既已服从，还剩什么？还剩下舆论。

精神理智永远不应该服从。一则几何学证明即足以阐明这个道理。如果你未经证实即听信结果，那么你就是个笨蛋，背叛了聪明才智。这份内心的判断，最后的避风港，够安全的避风港，一定要守护，绝对不可让渡。够安全的避风港？我之所以如此相信，是因为很清楚地了解，奴隶制度之所以没断根，正是公民把自己的判断力任由上级践踏的后果。他认同，他因而快乐，但他知道自己付出了多少代价。对我而言，我无法了解老百姓的行为变得像猎兵队。因此，我呼吁好公民们，秩序之友，至死效忠的执行者，请勇于多奉献一些；我的意思是，为无情的首长喝彩，支持他，爱戴他。但是我更希望公民自身能保持弹性，精神理智上的弹性，要具备不信任的可能，对于首长的计划和理由永远保持怀疑。这表示，为了避免更惨重的损失，需剥夺享受神圣的团结力量之幸福。比方说，绝对不要因为过度服从而相信战争是或曾经是不可避免的，绝对不要相信赋税的计算是最公平的，还有国家花费及其他的支出都是合理的。所以，请以洞见、决心、无情的方式监督首长的行动,对于他的公开说辞更要仔细严控。对他的代表们,亦要传达同样的反抗和批判精神,直到权力机构好自为之。因为,如果这其中渗入了尊敬、友情和关照,正义和自由即告沦丧,连安全也不复存在。德雷福斯事件正好十分切题,如今看来已明朗许多,值得各位深思。我知道,各位好公民未曾见过这样的事,你们实在难以相信。我们必须了解,如此严重且被默许的职权滥用,正是没有管制权力所造成的必然后果。没有任何理由可让一路飞黄腾达的人养成必要的美德,防止他过度自信,却有诸多因素能让他在往上爬升时失去这些美德,即使他曾经拥有。这些省思苦涩难咽,却是良药,令人得以窥见何谓激进的精神。这个名称取得好,但那些若无法爱戴就无法服从的脆弱心灵却仍不够明白。暴躁的读者,你满意了吗?也许并不。我不会去问掌权者是否满意:他从来不满足,什么都想要。

82

> 经历过一段艰苦的日子后，现在该走出天真的想法，通过诗意的训练，去感受那些人们信得根本不够深的可畏激情。

自由的心智体操

一群无产阶级拿这个美丽的词语当作座右铭："知识。"我脑中许多愉快的回忆瞬间被唤醒。我想到这股突然觉醒并聚集的舆论力量，仅以目光的力量，即推翻所有军方和政客的谎言。这堪称世界上独一无二的非暴力革命特例。外来战争的威胁与恐惧同时被抛到九霄云外。史上首次，人权高涨，超越国家，面对平反冤狱的诉求声浪，所有人都必须臣服。对于自己的力量，人民安然从容且信心十足，仿佛齐聚一座辽阔无比的大剧场，鄙夷地听着唱作俱佳的政治悲剧演员们演出。全世界皆以赞叹的目光凝视这些和平大会。那曾是布尔乔亚与无产阶级融洽共处的时代，知识学养高的人将他们的学问奉献给公有宝库，带着更多财富满载而归。很清楚地，在这些人民大学里，交流毋宁基于友好，不限知识范畴。的确也如此：要看穿暴君们的把戏，在他们想恫吓我们时大声嘲笑，并不需要多么卓越的智慧灵光。事过十年之后，要评断三年兵役法案[1]，所需要的就更少了。那项法案并未为我们多增一兵一卒甚或一个小时，只不过是对协约的俄军和敌对的德军发出战吼。于是我突然领悟到自己太轻敌。无产阶级沉迷于自己的梦境，与外界脱节；布尔乔亚故步自封，公职人员小心谨慎，年轻人已看开一切，沉默无言，这就是我们生存的社会。治理的艺术拥有丰富的资源，我们却突然变回毛头小子。其实，要让年轻人对自己的命运感兴趣，比召唤他们去支援一名无知者要困难得多；而这说起来冠冕堂皇，但慷慨义气将再次上当受骗，如今，已被赶尽杀绝。平庸的前景一片大好。

所以，思索着我们如何能教导正在成长的少年们保持清醒、勇于挑战，我想从一项值得纪念的经验中汲取最甜美的果实。当时，在政治空谈派和民间教师之间，曾发生过某种

---

[1] 作者指的是1913年法国通过的一项军事改革法案，将兵役自两年延长至三年，用以抵抗德军。

冲突。因为，对我们这些其他人来说，这场大事件令人措手不及地动摇了所有信仰，在所有神祇头上动土。但所有党派皆有其教义及大神，困难之处在于引导朋友们去练习这种自由的心智体操。在这种训练中，需求丝毫不会只因为是最紧急和迫切的，就被当成检视起来是最有用的。我们带来文化，希望借此让那些没有闲暇、经常蔑视这些动脑游戏的人，能够自由支配意志。天文学和物理，细节庞杂，注意力容易疲惫；历史令人发噱，头脑健壮的听众无法相信人民曾经如此愚昧地盲从政客。于是，人开始嘲笑热爱的激情，毕竟爱戴没有造成任何效果，但笑得最厉害的是第一个上当的。经历过一段艰苦的日子后，现在该走出天真的想法，通过诗意的训练，去感受那些人们信得根本不够深的可畏激情。听说我们无产阶级朋友最缺乏的，并非常识课——那基本上够简单，而是这研究人类天性的古代科学。那些学问分布在各大经典中，必须读上二三十遍。若说第三十遍的阅读轻松愉悦，第一遍可是毫无成效，艰涩难懂。

83

> 面对既得利益者的傲慢，永远有必要重新检视各种价值。

小而充足的改变

人们说，以后的新世代将难以控管，我倒希望果真如此。然而，政治上还看不出有此征兆，顶多是权力机关极度谨慎，密切注意目前的舆情。但我所感兴趣的是才智的运作，因为未来的一切皆仰赖于此。如果不想成为奴隶，首先就要避免上当，步步为营。拒绝相信是一切的基本，拒绝这件事颇能定义聪明的程度。

没有人能不把祷告的行为当成一项重大拒绝：拒绝崇拜财富、权势、力量。是的，那是在为了以其所呈现的样貌看待这些事物，为了做出审慎的评估而伤神。没有人能什么都不崇拜。只有在先牺牲位阶较低的神祇后，才智才终于觉醒；但它之所以能觉醒，也因为一项对能力和使命的极高度认知。

这项必须去思考的认知，需靠每个人各自努力，那就是：人人都应拯救自己的心灵。

拯救自己的心灵？你想说，理解这句话的方式不止一种。但其实差别并不大。如果你能找来一位神学家，他公开传授以趋炎附势的方式来解救心灵，而为了成功做到这一点，首先不管真话假话，要不断说好话讨人开心；那么我向你认输。不过你绝对找不到。所有宗教的基本原则，即是在衡量一切，考虑一切家庭、野心、能力、公共秩序、国家，所有的一切皆有分寸地安排好，甚至合宜地处理好之后，另外还有更重要的事。从这个角度来看，整个教会都该被超越和否定。教会不是神，另有其他。上帝本身也不是神，另有其他。自由的思想家延续神学家僧侣的运动。这座拒绝一切的修道院仍仅是一种象征。所有思想皆是一座暂时的修道院。然而，在我看来，当今的年轻人会对权势说不，甚至非常大声；并且会对自己说好，是深思熟虑的一代。有人可能会说这是因为有几位前辈指引他们。但其实运作来自每个人的心底最深处。一旦年轻人的眼中看不到任何大师，他们便会嘲笑，掉头背离，去找人家不希望他们读的书。无论科学、诗歌，还是哲学，最后总是孤僻且艰涩的胜出。

为什么？起因遥远。我们未曾评估自由的分寸，没有人衡量过。强烈的呼唤让自由树立。丑恶的战争根本杀不死它。武装的人民已多方思考。这座修道院强行引导思潮往重要之事发展，并未局限于少数人的想法。几乎所有人都以为这一次他们定能消灭战争。战争却丝毫未被那样的想法葬送。共同的主题，深刻的宗教主题。其分量不逊于反省价值观；面对既得利益者的傲慢，永远有必要重新检视各种价值。我们引发了战争，但另外还有其他。我们是战胜国，但另外还有其他事。战争确实唤醒了精神。所有思想都有后果，接续着其他思想，这样已足够。只要人们同意：在已算数的事情之外另有其他重要的事物，那么，暴政已死。

而且还另有其他变化。女性也加入思考之列。这项运动犹豫不前，遭到阻碍，转向变质。女人当上律师和医生，这并未改变多少事。后来又出现了一大群女学士；简直是滥竽充数，人们执意如此认为。但任何一点思想都有其后续发展。女性默默地挺身而出，甚至勇于严正拒绝，甚至接受学生折磨师长的恐怖考验。情感丝毫未曾误导想法，并非人们草率以为的那样，反而真诚地滋养它。以后，人将会因曾经害怕那么多不实幻影而脸红。因此，我们会遭遇的绝对不是某种不稳定的革命，而将是散播各处的自由与顽抗意志所促成的一场小而充足的改变，但这样的例子尚未出现。